はじめに

●読書体験を遡ってみると……

「本をたくさん読んで読書習慣を身につけてほしい」
「読書ができたら読む力も伸びると思う」
「読書が好きと答えた子供が増えた」
……読書が何かに影響を与えるようなフレーズに，私達はよく出合います。
　これらのフレーズのどこかに共感する部分があり，何となくではあるものの読書の必要性を感じることも多くあります。読書体験を遡りながら，読書が自分に何を与えてくれたのかを考えてみると，知識，見方・考え方，想像力，楽しみ，夢など，様々な言葉が浮かんできます。どちらかと言えば，子供たちが育っていく上で大切にしたい言葉ばかりです。
　読書体験をもう少し紐解いてみましょう。何を読んで何を感じたのか，何が培われたのかはそれぞれであったとしても，どのようにして読んだのかを尋ねると，多くは一人で読んだという答えが返ってくるのではないでしょうか。読書＝一人で静かに読む，このようなイメージの源をたどると，一人で集中して，没頭して読んだ体験に行き着くのではないでしょうか。
　もし，読書好きな子供に育てたいとしたら，一人で読む授業を積み重ねていくだけでよいのでしょうか。そして，一人で読む以外に，どのような読み方があるのでしょうか。

●読書が好き，読書が嫌いというけれど……

　「読書が好き」というとき，読書の「書」の内容は，偏りがある場合が多くあります。例えば，「仕事に関係する本はよく読むが，ファンタジー（空想系の本）にはあまり興味がない」「ファンタジーは好きだが，リアル系の本はあまり読まない」「社会の動向に興味があるので新聞はよく読むが，小説はほとんど読まない」。このように，興味がある分野があり，その分野のものはよく読む，読んでいる時間が多くある，だから読書が好きという回答

はじめに｜3

になります。

　では，「読書が嫌い」というとき，その「書」は何を指しているのでしょうか。例えば，「図鑑を見るのは好きだけど，物語はあまり読みたくない」「漫画はよく読むが，文字だけのものは読みにくい」「宇宙の本はよく見るけど，それ以外には興味がない」。このようなときは「読書が嫌い」という回答になりやすいものです。

　読書は好きですかという質問に答えるとき，イメージする「書」は各々異なっていたとしても，特に問題視されません。答えるときは何を基準にするのかというと，読む頻度や時間の長さ，つまり読書に関わっている量を見てしまうことがよくあります。自身の経験からも，読書好きな子供に育てたいと思う反面，読書の量に目を向けているだけでいいのかという疑問も出てきます。読書を授業に取り入れるには，どのような視点が必要なのでしょうか。

●本書の構成と内容は……

　このように読書の必要性は理解できても，授業に取り入れるときの具体的な方法や基本的な知識には若干の不安がある先生方，また，先生方を支える司書教諭や学校司書，これから教員を目指す学生を本書は対象としています。

　そのため，まず，具体的な方法として「読書活動のアイデア50」（第1章）を示し，さらに，もっと知りたいと思ったときに読むことができる「基本的な知識」（第2章）の二つの観点で，以下のように整理しました。

第1章　明日からできる！　読書活動のアイデア50
　1　単元はじめ　2　単元終わり　3　特別活動　4　モジュールの時間

第2章　もっと知りたいときに役立つ基本的な知識
　1　学校教育現場における読書
　2　授業デザインと読書
　3　日常生活の中の読書

4

第1章では，どういう授業場面で読書を取り入れるのかという視点で，具体的な方法を「単元はじめ」「単元終わり」「特別活動」「モジュールの時間」の四つの授業場面で分類しました。アイデアは全部で50項目，すべて見開き2ページに収め，そこには，授業を進めるときに必要である「概要」「内容と手順」「アイデアの応用」「ここに気をつけて！」の4項目を組み入れました。

　第2章では，読書を授業に取り入れるときの基本的な知識について，小学校の先生方からの質問をもとに解説しています。近年，国語の教科書のあちこちに本の表紙が掲載されていたり，各教科等の学習において学校図書館で調べる必要があったりすることから，図書館や国語担当者以外の先生方からの読書に関する質問とその切り口の鋭さに，驚くことも多くあります。授業実践をしながら，ふと疑問に思うことがあったときに探せるよう，目次には，疑問詞を入れた見出しを付けました。読書についての知識がさらに深まり，授業デザインに生きることを考え，質問事項と解説を厳選しました。なお，ページが限られていることから，十分書き切れていない部分もあります。さらに詳しく知りたいときには，参考文献に手を伸ばしてください。

塩谷京子

目　次

はじめに

第 1 章　明日からできる！読書活動のアイデア50

アイデア1	日本の昔話に出合う	10
アイデア2	科学の本に出合う	12
アイデア3	図鑑の目次を読む	14
アイデア4	教材文につながるお話を聞く	16
アイデア5	神話に出合う	18
アイデア6	俳句を音読する	20
アイデア7	詩を味わう	22
アイデア8	慣用句や故事成語に出合う	24
アイデア9	世界の昔話に出合う	26
アイデア10	実物と図鑑を結びつける	28
アイデア11	偉人の存在を知る	30
アイデア12	宮沢賢治の生き方に出合う	32
アイデア13	平和や生命についての多様な考え方を知る	34
アイデア14	新聞の記事からイメージを広げる	36
アイデア15	題名から内容をイメージする	38
アイデア16	言語を楽しむ	40
アイデア17	読書美術館を作る	42
アイデア18	役割を決めて音読する	44
アイデア19	イソップを読む	46
アイデア20	好きな場面を紹介する	48

アイデア21	本のポップを作る	50
アイデア22	登場人物図鑑を作る	52
アイデア23	ミニ読書会をする	54
アイデア24	挿絵を比べる	56
アイデア25	物語の続きを書いて読み合う	58
アイデア26	ミニ文集を作る	60
アイデア27	読書会をする	62
アイデア28	テーマを決めて本を紹介する（ブックトーク）	64
アイデア29	役割を決めて読む（リテラチャーサークル）	66
アイデア30	歴史上の人物を読む	68
アイデア31	読みたい本を探す	70
アイデア32	読書ノートを書く	72
アイデア33	ビブリオバトルをする	74
アイデア34	1年間の読書を振り返る	76
アイデア35	読み聞かせを聞く	78
アイデア36	卒業生が本を紹介する	80
アイデア37	ペア読書	82
アイデア38	聞きたい本を選ぶ	84
アイデア39	おいしい本を選ぶ	86
アイデア40	災害に備える	88
アイデア41	紙芝居を聞く	90
アイデア42	お話動物園に行く	92
アイデア43	ダウトを見つける	94
アイデア44	読み聞かせの続きを聞く	96
アイデア45	ニュースを紹介する	98

アイデア46	ファンタジーを読む	100
アイデア47	物語の続きを読む	102
アイデア48	新聞を読む	104
アイデア49	古典を読む	106
アイデア50	朝読書で読む	108

第2章 もっと知りたいときに役立つ 基本的な知識

1 学校教育現場における読書

  1 なぜ学校には図書館があるのか ……………………………… 112

  2 学校図書館を活用するとどのようなメリットがあるのか ……………… 115

  3 新学習指導要領では読書はどのように位置付けられているのか ………… 118

2 授業デザインと読書

  1 国語の教科書では読書はどのように扱われているのか ……………… 125

  2 単元のどの場面でどういう目的で学校図書館を活用するのか ………… 129

3 日常生活の中の読書

  1 本を読む子にするにはどうしたらいいのか …………………………… 133

  2 読書の場を学校から家庭へと広げるにはどうしたらいいのか ………… 135

参考文献
索引
おわりに

第 1 章
明日からできる！読書活動のアイデア50

アイデア1 日本の昔話に出合う

対象学年➡低学年　　活動場面➡国語
時　　間➡単元はじめ

1　概要「昔話に出てくるこの人だあれ」

　昔話を扱う単元のはじめにおいて，複数の昔話に出合うことを通して，昔話の展開や登場人物の性格などに興味をもったり，古代からの人々のものの見方や考え方に触れたりすることができる。

2　内容と手順〈単元のはじめに1時間〉

学習指導要領　国語　1・2年　知識及び技能
（3）ア　昔話や神話・伝承などの読み聞かせを聞くなどして，我が国の伝統的な言語文化に親しむこと。

【事前準備】昔話の絵本や紙芝居を10話ほど用意し，それぞれからタイトルがわかる場面を選び，黒板掲示用にコピーする。黒板掲示用の場面と同じ絵を印刷したワークシートを作成する。人数分以上の昔話絵本を用意する。
①配布されたワークシートを見て，知っている昔話に〇をつける。
②黒板に貼られた場面の絵を見ながら，昔話の題名を確かめる。
③知っている昔話の登場人物やあらすじについて，ペア（グループ）で伝え合う。
④10の昔話について，それぞれ簡単なあらすじを発表する。
⑤昔話（1冊）の読み聞かせを聞く。
⑥自分で読みたい昔話を選び，読む。

3 アイデアの応用

【言葉による昔話クイズ】

昔話に出てくる有名な言葉，例えば，「どんぶらこっこ どんぶらこ」「はようめをだせかきの種」「スズメのおやど」などから，昔話のタイトルを当てるゲーム。

【紙芝居の順番を並び替える】

順序をバラバラにして渡された紙芝居を，お話の順に並び替えて，みんなの前で読む。時間や場面をもとに並び変えるのがポイント。

【連続した読み聞かせ】

モジュールの時間，朝の会や帰りの会などを使って，昔話の読み聞かせを連続して行う。一定期間続けることにより，明日を楽しみにするようになる。

子供が作った昔話クイズ

紙芝居を並び変えている子供の様子

【昔話を比べる】

「むかしむかしから，はじまるよ！」「おじいさんとおばあさんが出てくる話が多いなあ」など，多くの昔話に出合うと，複数の本を比べて気付いたことをつぶやくようになる。低学年の国語の教科書には「くらべてみよう」のように，比較することを示唆するフレーズや文が単元のはじめなどに出てくる。子供のつぶやきを大切にしながら，比べて考える活動へとつなげたい。

4 ここに気をつけて！

昔話の絵本には古典的なものからアニメに近いものまで多くの種類があり，挿絵のタッチや文章表現が異なる。絵本を選ぶときは，子供が自分で挿絵を見たり文章を読んだりすることを踏まえて吟味する必要がある。発達段階，個人差，体験の有無，好みなどを，視野に入れて選ぶことを忘れずに！

アイデア2 科学の本に出合う

対象学年➡低学年　　活動場面➡国語
時　　間➡単元はじめ

1　概要「植物，動物，体，宇宙，まとめて科学の本です」

　低学年の子供は，何かを調べるためではなく，読み物として科学の本を手に取る場合が多い。図書館では，物語は9，科学の本は4に分類されている。子供がよく使う4と9の棚のうち，4の棚にはどういう本が集められているのかを知ることは，科学の本に出合うきっかけづくりとなる。

2　内容と手順〈単元のはじめに1時間〉

学習指導要領解説　国語編　1・2年　知識及び技能
（3）エ　**いろいろな本**としては，例えば，物語，昔話，絵本，科学的な読み物，図鑑などが挙げられる。表紙や題名，知りたいことや読んでみたい内容から本を選んで読むことを通して，身の回りにはいろいろな本があることを知ることが大切である。

【事前準備】「星」「虫」「植物」「動物」「体」に関する科学の本を1冊ずつ選ぶ。科学の本を読んだ後に記録するワークシートを用意する。
①「虫」に関する科学の本から1冊読み聞かせを聞く。
②新しく知ったことを発表する。
③紹介された「星」「虫」「植物」「動物」「体」に関する本をまとめて科学の本ということを知る。
④科学の本の棚から読みたい本を1冊選んで読み，ワークシートに書名を記録する。

12

3 アイデアの応用

【季節の本の読み聞かせ】

　子供の興味・関心を広げたい場合，「物語」だけでなく，季節や子供の日常生活と繋がりのある「科学の本」の読み聞かせを行うと，見過ごしていた身の回りの出来事に目が向くようになる。

子供に読み聞かせしたい科学の本リスト

	書名	作者（編者）	出版社	出版年
1	もっと知りたい　アサガオ	赤木かん子	新樹社	2015
2	やさいはいきている	藤田智（監修）	ひさかたチャイルド	2007
3	しっぽのはたらき	川田健	福音館書店	1972
4	ダンゴムシみつけたよ	皆越ようせい	ポプラ社	2002
5	うまれたよ！クマノミ	大方洋二	岩崎書店	2016
6	おかしなゆき　ふしぎなこおり	片平孝	ポプラ社	2012
7	まほうのコップ	長谷川摂子	福音館書店	2012
8	バナナ	天野實	フレーベル館	2007

4 ここに気をつけて！

　図書館の本は基本的にNDC（日本十進分類法）に沿って，0～9類の仲間に分けて並べられている。NDCが掲示してある場合は，9類はお話の本，4類は科学の本という言い方の他に，0～9類の内，9類はお話の本，0～8類はお話以外の本というように，空想の世界を描いた本と現実を説明した本に分ける言い方もある。

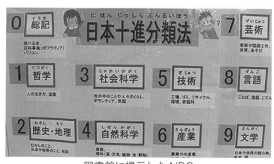

図書館に掲示したNDC

アイデア3 図鑑の目次を読む

対象学年➡低学年　　活動場面➡国語
時　　間➡単元はじめ

1　概要「目次を読むと本の全体像がつかめます」

　図鑑を手に取ったら次は，知りたい情報がどこのページに載っているかを探そうとする。そのとき役立つのが目次と索引である。目次は全体を見ながらどこに知りたい情報があるのかを絞っていくのに対し，索引は知りたい言葉がわかっているときに50音順などの中から言葉とページを見つけていく。

2　内容と手順〈単元のはじめに1時間〉

学習指導要領　国語　1・2年　C　読むこと
(2) ウ　学校図書館などを利用し，図鑑や科学的なことについて書いた本などを読み，分かったことなどを説明する活動。

【事前準備】図鑑を一人か二人に1冊，調べた内容を記入するワークシートを用意する。

①図鑑を使って調べた体験を発表する。
②図鑑の目次の見出しを見て，いくつのまとまりがあるかを発表する。
③索引のページを見て，書いてある順序を確かめる（小学生の場合はほとんど50音順）。
④索引と目次の違いを比べて発表する。
⑤調べてみたい花，野菜，果物などを，目次と索引の両方を使って調べる。

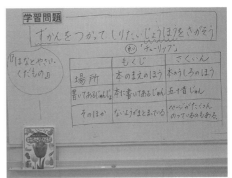

3 アイデアの応用

【図鑑を使って調べた内容を書く】

目次や索引を使って調べたいことがらを探した後は，答えを書き留めておきたい。その場合は，簡単な情報カードを用意しておくと，どの教科でも使えて便利である。低学年が使う情報カードには，問いと答え，調べた本を書く欄があれば十分である。

```
じょうほうカード　　（名前　　　　）
とい
　カメ には どんな えさを やりますか。
こたえ
　魚の肉、レバー、野さい、イトミミズなど。
　1しゅるいのえさだけをやるのはよく
　ありません。
```

子供が書いた情報カード

「問い」の例→すいそうで飼うとき，カメは何をたべるのか。

「答え」の例→魚の肉，レバー，野菜（レタスや小松菜など），イトミミズ，ミミズなど。1種類のえさだけをやるのは，よくない！

4 ここに気をつけて！

9類の物語以外，つまり，0～8類の本には，ほとんど索引がある。索引を見ると，ことがらについて一つではなく複数のページが示されている場合がある。本によっては，複数示してあるページの中で一番多く情報が載っているページを太ゴシックで示している場合もある。並べられているページを開いて見ると，本の扉だったり，写真だけだったりすることもある。

```
モンシロチョウ　62，85，156
（この場合，85Pの情報が一番多い）
```

```
コオロギ　前見返し
（表紙を開けてすぐの見開きページ）
```

```
バッタ　120，13
（この場合，120Pの情報が一番多い）
```

第1章　明日からできる！　読書活動のアイデア50　15

アイデア4 教材文につながるお話を聞く

対象学年➡低学年　活動場面➡国語　時　間➡単元はじめ

1 概要「はたらく車を今までとは別の見方で見る！」

　1年生の説明的な文章では「のりもの」がよく題材になっている。入学前から親しんできたいろいろな「のりもの」が働いている様子を観察し、「やくわり」と「つくり」、「しごと」と「つくり」という言葉を使って、見直していく。

2 内容と手順〈単元のはじめに1時間〉

学習指導要領　国語　1・2年　C　読むこと
(2) ア　事物の仕組みを説明した文章などを読み、分かったことや考えたことを述べる活動。

【事前準備】『しっぽのはたらき』（川田健, 福音館, 1972）のように「はたらく＝役に立つ」という意味が伝わりやすい絵本1冊、「消防車」等はたらく車がタイトルの絵本1冊、はたらく車の写真やしくみが見える図鑑やシリーズ本を用意する。
①「はたらく」とはどういうことかを、体験をもとに話す。
②『しっぽのはたらき』の読み聞かせを聞き、「はたらき」という言葉には、役に立つ、役目がある、という意味があることを知る。
③「はたらく」車が出てくる絵本の読み聞かせを聞く。
④身の回りで見たことのある「はたらく」車について、名前を出し合う。
⑤教科書でそれらの車について、これから学習することを知る。
⑥はたらく車について、図鑑や詳しく書かれた本の紹介を聞く。

3 アイデアの応用

【のりものが活躍する絵本を読む】

はたらくのりものが活躍する絵本はたくさんある。授業で「つくり」や「はたらき」を学習する前に、これらの絵本の読み聞かせを聞いたり、自分で読んだりして「働いているのりもの」に親しんでおく。

【はたらくじどう車図鑑をつくる】

自分の好きなのりものの「はたらき」を、教材文を手本にして文と絵で紹介する。ワークシートに書いたものを集めれば図鑑になる。

子供が書いたじどう車図鑑

4 ここに気をつけて！

はたらく車について書かれた本は数多く出版されている。低学年の子供が教材文で学んだことを生かして読むためには、情報が多すぎたり少なすぎたりすることも多い。いろいろなはたらく車を、子供が興味をもって手に取ることができるためには、ある程度の冊数も必要になる。計画的に本の購入を進めるだけでなく、公共図書館の協力貸出し制度の利用も視野に入れたい。

「はたらくじどう車図鑑」をつくるときに参考になる資料リスト

書名と特徴	著　者	出版社	出版年
はたらくじどう車　しごととつくり（全6巻）	小峰書店編集部 / 編	小峰書店	2016
特徴：主要な車の「しごと」と「つくり」がそれぞれ見開きで大きく載せられていて、わかりやすい。			
大きなずかん　はたらくじどう車（全4巻）	元浦年康 / 写真・監修	学研教育出版	2013
特徴：見開きに「しごと」と「つくり」がコンパクトにまとめられていて、見やすい。			
のりものくらべ（全5巻）	相馬仁/監修, 元浦年康 ほか/写真, ネイチャー&サイエンス / 編者	偕成社	2015
特徴：のりものの「つくり」からクイズが出されていて、次ページに答えがあり、特徴をつかみやすい。			

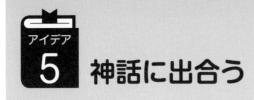

アイデア5 神話に出合う

対象学年➡低学年　活動場面➡国語
時　　間➡単元はじめ

1　概要「見にいこう！日本の神様の世界」

　神様たちの関係に目を向け，それぞれの神様が活躍するスリル，ユーモア，怪奇にあふれた神話と出合うことを通して，日本の神話に親しみをもつ。

2　内容と手順〈単元のはじめに1時間〉

学習指導要領　国語　1・2年　知識及び技能
（3）ア　昔話や神話・伝承などの読み聞かせを聞くなどして，我が国の伝統的な言語文化に親しむこと。

【事前準備】「イザナギ」「イザナミ」「アマテラス」「ツキヨミ」「スサノオ」「オオクニヌシ」など，神話に出てくる神様の名前カード（顔のイラストがあるとよい）と神話の絵本を用意する。
①神話の絵本の中から「国生み」の部分の読み聞かせを聞く。
②「イザナギ」「イザナミ」をお父さん神，お母さん神とした簡単な系図を見て，日本の神話に出てくる有名な神様の名前を知る。
③お父さん神とお母さん神の話にあたる「国生み」「黄泉の国」，父から生まれた子供たちの話「天岩戸」「ヤマタノオロチ」，その子孫の話「いなばのしろうさぎ」など，神様と神話の紹介を聞き，神話がたくさんあることに気付く。
④「黄泉の国」の紹介を聞き，「国生み」の話の続きに興味をもつ。
⑤このようなお話をまとめて「神話」ということを知る。

3 アイデアの応用

【神話の読み聞かせを聞く】

モジュールの時間，朝の会や帰りの会などを使って読み聞かせを続けると，神話に親しむことができる。

【地域に伝わる神話や伝説を聞く】

自分たちの住んでいる地域に伝わる神話や，神様にまつわる地名などの話を聞くと，昔の人々と神様との関係に目が向くようになる。

【他の国の神話を知る】

読み聞かせを聞いた後，日本と他の国を比べると，神話や伝説が国によって様々であることに気付く。

4 ここに気をつけて！

神話の絵本はたくさんあるが，低学年の子供には文章が長く，難しい表現のものもある。読み聞かせをする前に声に出して読んでみると，子供の実態にあっているかどうかを確かめることができる。

低学年の子供が読むことのできる神話のリスト

書　名	著者	出版社	出版年
日本の神話　全6巻	舟崎克彦文，赤羽末吉絵	あかね書房	1995
日本の神話古事記えほん〔一〕　国生みのはなし	三浦佑之監修，荻原規子文	小学館	2016
やまたのおろち　復刊・日本の名作絵本1	羽仁進文，赤羽末吉絵	岩崎書店	2002
日本の神話古事記えほん〔五〕　国づくりのはなし	三浦佑之監修，荻原規子文	小学館	2017
はじめての古事記	竹中淑子・根岸貴子文	徳間書店	2012
黄泉のくに　　日本の物語絵本4	谷真介文，赤坂三好絵	ポプラ社	2003
海幸彦山幸彦　　日本の物語絵本10	西本鶏介文，藤川秀之絵	ポプラ社	2004
ヤマトタケル　　日本の物語絵本13	那須正幹文，清水耕蔵絵	ポプラ社	2005
心をそだてる松谷みよ子の日本の神話　決定版	松谷みよ子	講談社	2010

アイデア6 俳句を音読する

対象学年➡中学年　活動場面➡国語
時　間➡単元はじめ

1　概要「どこで切ると調子よく音読できるかな」

俳句を扱う単元の始めでは，俳句のリズムに慣れておきたいものである。この活動のよいところは，切るところを意識することで俳句のリズムを感じることにある。

2　内容と手順〈単元のはじめに1時間〉

学習指導要領　国語　3・4年　知識及び技能
（3）ア　易しい文語調の短歌や俳句を音読したり暗唱したりするなどして，言葉の響きやリズムに親しむこと。

【事前準備】俳句の本から易しい俳句を5句選び，右のようにワークシートに1句ずつ書いてグループ分用意する。
①教師が提示した俳句を，全員で音読する。
②どこで切って音読をしたのかを発表する。
③俳句を音読するときに，どういう切り方があるのかを整理する。
④教員が提示した俳句を，全ての切り方で音読する。
⑤どの切り方が，調子よく音読できるのかを話し合う。
⑥配布されたワークシートをもとに，どこで切ったら調子よく読めるのかを話し合う。そして，練習をし，グループごとに発表する。

俳句を音読しよう
どこで切ると調子よく音読できるかな

ろくがつを　きれいなかぜの　ふくことよ　正岡子規（まさおか　しき）
しずかさや　いわにしみいる　せみのこえ　松尾芭蕉（まつお　ばしょう）
うめいちりん　いちりんほどの　あたたかさ　服部嵐雪（はっとり　らんせつ）
すずめのこ　そこのけそこのけ　おうまがとおる　小林一茶（こばやし　いっさ）
えんそくの　おくれはしりて　つながりし　高浜虚子（たかはま　きょし）

3　アイデアの応用

【俳句を暗唱する】
　どこで切って音読するといいのかがわかると、リズムよく暗唱しやすくなる。

【短歌を音読する】
　短歌を扱うときに、俳句で学んだ「どこで切ると調子よく音読できるかな」を応用する。

【俳句カルタ大会を行う】
　リズムに気をつけて読むことを通して、俳句独特のリズムが自然に身につくようになる。俳句カルタが市販されている。

俳句カルタ大会の様子

【自分の作った俳句を紹介する】
　リズムよく音読できると、聞いている友達が、作者が見た様子や作者の発見をイメージしやすくなる。自分が作った俳句を音読するときにも、切るところに気をつけるという学びが生きる。

4　ここに気をつけて！

　俳句は、5・7・5の17音でできており、切り方は次のように3通りある。三つの切り方を体験し、繰り返し音読することを通して、リズムよく音読できる切り方を自分で選ぶことができるようになる。
　　　5・7・5　全て切って音読する
　　　5で切り、7・5はつなげて音読する
　　　5・7をつなげ、一息ついて5を音読する
　子供が読んだだけでイメージしにくい場合は、挿絵を利用すると様子を思い浮かべやすくなる。

アイデア7 詩を味わう

対象学年➡中学年　活動場面➡国語
時　　間➡単元はじめ

1　概要「詩のペアを探そう」

単元のはじめにおいて，普段は読むことの少ない「詩」に出合う活動を設定することにより，その内容や表現のおもしろさに関心をもつようになる。

2　内容と手順〈単元のはじめに1時間〉

学習指導要領　国語　3・4年　C　読むこと
（2）イ　詩や物語などを読み，内容を説明したり，考えたことなどを伝え合ったりする活動。

【事前準備】詩を3編用意する。一つの詩を前半と後半に切り分け，色違いの台紙に貼る。これを1セットとし，グループの人数分準備。
①六人のグループになり，前半（三人）の子供が自分の台紙の詩を読む。後半の子供は，自分の台紙の詩がどの続きになるのかを考えながら聞く。
②後半の子供が自分の台紙の詩を読む。前半の子供は，自分の台紙の詩がどの詩とペアになるかどうかを考えながら聞く。
③自分の台紙の詩のペアがどの詩になるかについて，理由をつけて発表する。
④詩のペアになるように座り直し，二人で詩の前半と後半を通して読む。
⑤ペアに選んだ理由を発表する。

3　アイデアの応用

【詩とタイトルのペアを探す】

　タイトルを別に用意しておき，詩とタイトルを結びつける。

【詩とイメージ（絵）のペアを探す】

　好きな詩を選んで，イメージを絵に描く。描いた後，どの詩について描いたものかを結びつける。

【朝のスピーチで詩を音読する】

　学習後，子供が好きな詩を選び朝の活動などに「今月（今週）の詩」の音読を組み入れたり，音読を宿題にしている場合は音読カードに「今月の詩」を載せたりしておくと，毎日詩に触れるようになる。

【詩人を知って詩集を選ぶ】

　数人の詩人と作品がセットになった掲示物を見て，好きな詩人の詩集を読む。好きな作品を選ぶ活動を単元の終わりに設定する。

4　ここに気をつけて！

　詩集については，言葉の響きやリズムに親しめて情景が想像しやすいものを選ぶ。

授業で取り上げた詩集リスト

	書名	作者（編者）	出版社	出版年
1	どきん	谷川俊太郎	理論社	1983
2	絵本　かがやけ詩（全5巻）	小池昌代編	あかね書房	2008
3	まど・みちお詩の本	伊藤英治編	理論社	2010
4	ポケット詩集（全3巻）	田中和雄編	童話屋	2004

アイデア8 慣用句や故事成語に出合う

対象学年➡中学年　活動場面➡国語
時　　間➡単元はじめ

1　概要「先人の知恵や教訓から学びます」

ことわざ・慣用句・故事成語からは、先人の知恵や教訓、機知を学ぶ。意味を知ることで、自分の日常生活とのつながりを意識するようになり、どういうときに使うのかがわかるようになる。

2　内容と手順〈単元のはじめに1時間〉

学習指導要領　国語　3・4年　知識及び技能
（3）イ　長い間使われてきたことわざや慣用句、故事成語などの意味を知り、使うこと。

【事前準備】教師が提示する「ことわざ・慣用句・故事成語」のカードと本を用意する。
①教師が提示したことわざカードを見て、意味を考え、正しい意味を知る。
②教師が提示した慣用句カードを見て、意味を考え、正しい意味を知る。
③慣用句は、二つの言葉が合わさって別の意味になることを確かめる。
④教師が提示した故事成語カードを見て、正しい意味を知る。
⑤自分の体験と似たようなことわざ・慣用句・故事成語を本から探して発表する。

24

3 アイデアの応用

【教室掲示カードを作る】

ことわざ・慣用句・故事成語の中で、日常的に教室掲示しておきたい言葉を選んで日めくりカードを作り、朝の会などで全員が声に出して読む。

【自分の体験と結びつけて文章を書く】

ことわざ・慣用句・故事成語などを自分の体験と結びつけて作文を書く。書いた後に読み合うことで、結びつける日常生活の場面が広がる。

日めくりカード

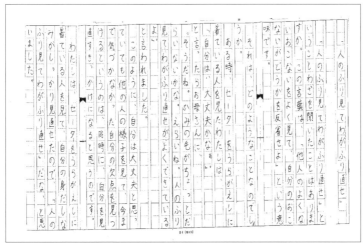

自分の経験と結びつけて書いた作文

4 ここに気をつけて！

昔から使われてきた「ことわざ・慣用句・故事成語」の中には、子供にはなじみの薄いものも多い。その場合は、言葉だけでなく、写真やイラストで説明してある本を使うと言葉と場面がつながりやすくなる。

アイデア9 世界の昔話に出合う

対象学年➡中学年　　活動場面➡国語
時　　間➡単元はじめ

1　概要「世界昔話ツアーに出かけよう」

　単元のはじめにこの活動を組み入れることで，日本の昔話や神話を学習した子供が世界の読み物へと目を向けるきっかけになる。昔話は絵本が多く文章も短いので，親しみやすい。旅行気分で各国をめぐりながら，昔話に出合う工夫も楽しい。

2　内容と手順〈単元のはじめに1時間〉

学習指導要領　国語　3・4年　知識及び技能
（3）オ　幅広く読書に親しみ，読書が，必要な知識や情報を得ることに役立つことに気付くこと。

【事前準備】世界の昔話絵本と，それらがどこの国の話かを示した掲示用の世界地図を用意する。ツアー計画シートを配布する。
①教師の話を聞いて，日本と同じように世界のいろいろな国にも昔話があることを知る。
②世界地図で昔話とその国の位置を確かめる。
③教師のツアー読み聞かせを聞く。『うさぎのさいばん』（朝鮮・韓国）→『三びきのやぎのがらがらどん』（ノルウェー）など。
④どんなところがおもしろいか，感想を発表し合う。
⑤世界の昔話を2冊選び，ツアー計画を立て，ワークシートに記入する。

昔話の国名が見える世界地図

3 アイデアの応用

【それぞれの国のおもしろさを見つける】

　昔話の中から「トラ」が出てくるもの,「王様が出てくるもの」などを選び, 話の展開の仕方や主人公の性格などを比べる。国によって, 暮らし方や知恵, ものの捉えかたが違っていたり, 似ていたりすることに気付く。

【似ている昔話を見つける】

　恩返しをする話や, 人食い鬼が出てくる話など, あらすじのパターンが似

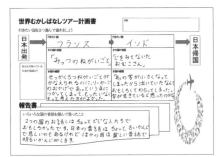

選んだ国とその国の昔話の感想を書いたワークシート

ている昔話を見つける。「日本のこの昔話に似ている」と感じることを通して, 世界の国々の昔話に親近感をもつことができる。

【同じ国の作者の物語を読む】

　昔話をきっかけにして好きになった国の作家の物語を見つけて読む。昔話と同じように, 作家によって様々な見方や表現のしかたがあることに気付き, 幅広い読書につながる。

4 ここに気をつけて！

　世界の昔話は数多く出版され, どこの国のお話かがわかるように国名が表紙に書かれているものが多い。世界地図と対応すると, 幅広い国々から選んで読むようになる。世界地図を図書館にも置きたい。

とりあげた世界の昔話の例

国・地域	書名	出版社	出版年
ロシア	マーシャと白い鳥	偕成社	2005
韓国・朝鮮	あまのじゃくなかえる	少年写真新聞社	2005
アメリカ	太陽へとぶ矢	ほるぷ出版	1976
アフリカ	ふしぎなボジャビのき	光村教育図書	2013

アイデア10 実物と図鑑を結びつける

対象学年➡中学年　　活動場面➡社会
時　　間➡単元はじめ

1　概要「みつけました，これがこの道具の正体です」

　昔の道具に触れてみると，昔の人々の生活に興味がわいてくる。今と昔の道具を比べることで生活の違いに気付く。また，図鑑などでその道具のつくりや工夫を知ることは，先人の暮らしぶりを思い浮かべることにつながる。

2　内容と手順〈単元のはじめに1時間〉

学習指導要領　社会　3年　思考力，判断力，表現力等
（4）イ（ア）交通や公共施設，土地利用や人口，生活の道具などの時期による違いに着目して，市や人々の生活の様子を捉え，それらの変化を考え，表現すること。

【事前準備】昔，使われていた道具，それらの写真をのせたワークシート，昔の道具の図鑑や，昔の暮らしについて書かれた本を用意する。

①昔の道具を見たり触ったりする。
②道具の名前，どんなことに（目的），
　どのようにして使われていたかを予
　想し，ワークシートに書く。
③グループで話し合う。
④図鑑や事典から実物と同じ写真を見
　つける。
⑤道具の名前や使い方を読む。

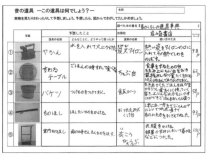

予想と調べたことを書いたワークシート

3 アイデアの応用

【昔の道具クイズ】

　道具の使われ方がわかったら，「～が（だれが），～ときに（どんなときに）使いました。なんという道具でしょう」のパターンでクイズを作る。

【家の人や地域の人に聞く】

　父母や祖父母から子供の頃の話を聞いたり，お年寄りから地域の昔の様子を聞いたりする。聞きたい項目を決めておくと，本で調べたことと聞いたことを比べ，共通点や相違点を見つけることができる。

【資料館へ出かける】

　地域の資料館に昔の道具や，暮らし，街並みの写真などが展示されている。地域全体の移り変わりも知ることができ，視点が広がる。

昔の生活が描かれた絵本リスト

書名	作者	出版社	出版年
おじいちゃんのおじいちゃんのおじいちゃんのおじいちゃん	長谷川義史	ＢＬ出版	2000
てんごくのおとうちゃん	長谷川義史	講談社	2008
しげちゃん	室井滋	金の星社	2011
おふろやさん	西村繁男	福音館書店	1983
はじめてのおつかい	筒井頼子	福音館書店	1977
だいちゃんとうみ	大田大八	福音館書店	1992
ふるさと60年	道浦母都子	福音館書店	2012

4 ここに気をつけて！

　昔の暮らしの学習が始まったら，「むかしはどうだったのかな？」と意識できるように，図書館や廊下に展示コーナーを作っておく。道具はもちろん，学校の記念誌や古い卒業アルバムなど，子供に見せておきたい様々な資料も期間限定で展示したい。

図書館の展示コーナー

アイデア11 偉人の存在を知る

対象学年➡高学年　　活動場面➡国語
時　　間➡単元はじめ

1　概要「知りたい！あの人の生き方！」

　伝記教材と並行して読書をするとき，どんな偉人の伝記があるのか，自分はどの偉人のどこに興味があるのかなど，伝記選びの手掛かりを知っておくと，読みたい伝記を選びやすくなる。このような手掛かりをつかむための活動である。

2　内容と手順〈単元のはじめに1時間〉

学習指導要領　国語　5・6年　C　読むこと
（2）イ　詩や物語，伝記などを読み，内容を説明したり，自分の生き方などについて考えたことを伝え合ったりする活動。

【事前準備】知ってほしい偉人を15人程度選び，伝記の本やインターネットから，それぞれの偉人の顔写真と名言を別々に用意し，掲示できるようにしておく。最初に15人の顔写真だけを黒板の上段に掲示する。
①顔写真を見て，知っている偉人の名前を発表し合う。
②答え合わせをし，偉人の名前を声に出して読む。
③どんなことを成し遂げた人か，簡単に発表し合う。
④黒板下段に順不同で並べられた名言を読む。
⑤偉人が成し遂げたことをもとに，名言と結びつける。
⑥結びつけた理由を入れて，発表する。

3 アイデアの応用

【同じ伝記で読書会をする】

一人の偉人の伝記を複本で用意し,何名かで読んだあと,読書会でその人物について語り合う。自分が読み取れなかったり,気付かなかったりした一面に触れたりして,人物についての理解を深める。

【別の伝記を紹介し合う】

別の偉人の伝記を読んだ友達とグループをつくり,それぞれが読んだ伝記の人物を紹介し合うことにより,知らなかった偉人に興味をもち,別の伝記を読むきっかけとなる。

読書会の様子

4 ここに気をつけて！

伝記には,漫画で描かれたものや,短時間で読めるもの,絵本などがある。また,時代背景の説明,人物と関係の深い人々など,人物を多様な観点で知ることができるような工夫がされているものもある。高学年で,初めて伝記の文章に出合う子供は,人物の一生を時系列に沿った読み方が必要になる。そのため,一見読みやすく見えても,情報過多で視点があちこちに飛ぶような構成の伝記よりも,シンプルに時系列に沿ったものの方が読みやすい。

偉人の活躍分野を見ていくと,科学を始め,芸術,医学,スポーツ,平和など,また,活躍した時代も古代から現代まで幅広い。さらに,海外,国内をはじめ地域で活躍した偉人もいる。伝記の近くに,どういう分野,どういう時代,どういう地域で活躍したのかなどの情報があると,それらの中から自分の興味と接点を見つけやすくなるため,手を伸ばしやすくなる。また,名言を伝記の近くに置くと,人となりや成し得た偉業をイメージしやすくなるため,本を手に取るきっかけにもなる。

アイデア12 宮沢賢治の生き方に出合う

対象学年➡高学年　　活動場面➡国語
時　　間➡単元はじめ

1　概要「賢治ってどんな人？」

　有名な宮沢賢治ではあるものの，初めて出合う子供も多くいる。単元のはじめに，作品を通して賢治という人物に出合う活動は，作品と作者をつなげる一つの視点となる。今回は，単元のはじめに設定したが，単元の終わりに設定することもできる。

2　内容と手順〈単元のはじめに1時間〉

学習指導要領　国語　5・6年　C　読むこと
（1）エ　人物像や物語などの全体像を具体的に想像したり，表現の効果を考えたりすること。

【事前準備】掲示用に賢治の顔写真と「雨ニモマケズ」を模造紙に書いたもの，配布用に「雨ニモマケズ」を印刷したものを用意する。「科学者」「自然愛」「命のやりとり」「でくのぼう」をキーワードに賢治の作品を選んでおく。
①宮沢賢治の写真を見て，名前を知る。
②「雨ニモマケズ」の範読後，全員で読む。
③難しい語句の意味を確認し，どんな詩かを考える。
④賢治の人柄や考え方，生き方が表れている部分を取り上げ，大まかな賢治の一生を知る。
⑤考え方，生き方が表れた賢治の作品があることを知る。

3 アイデアの応用

【詩を暗唱する】

「雨ニモマケズ」は有名なので,ぜひ声に出しておきたい。賢治の生き方に触れることは,情景を浮かべながらリズムよく暗唱するときに生きる。

【賢治の作品を多く知る】

賢治の作品には,題名が不思議で魅力的なものが多くある。題名を黒板に並べたり掲示したりすることにより,興味をもって本を選ぶようになる。

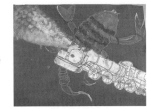
子供の読書感想画

【好きな場面を絵にして見せ合う】

オノマトペや色など,言葉で表現された好きな場面をイメージし絵にする。友達と見せ合い,それぞれのイメージの違いに気付いたり,共感したりすることは,作品理解の助けとなる。

【好きな作品を紹介する】

自分が読んだ賢治の作品で気に入ったものを紹介する。そのとき,どこが好きなのか,どんなところに賢治らしさが表れているのかを入れるようにする。

4 ここに気をつけて！

賢治の作品はほとんどの教科書に掲載されている。図書館に賢治の本を別置（テーマに沿った本を,一定の時期のみ目に付く場所に集めて置くこと）しておくと子供の目につきやすく,単元と並行した読書がスムーズになる。

別置した書架

アイデア13 平和や生命についての多様な考え方を知る

対象学年➡高学年　　活動場面➡国語
時　　間➡単元はじめ

1　概要「平和とは？生きるとは？」

　多様な作品を読み，より多くの見方・考え方に出合うための活動を通して，教材文だけではつかみきれない平和や生命というテーマに迫る。

2　内容と手順〈単元のはじめに1時間〉

学習指導要領　国語　5・6年　C　読むこと
（1）エ　人物像や物語などの全体像を具体的に想像したり，表現の効果を考えたりすること。

【事前準備】平和や生命がテーマの本を，物語（NDCでは9類），社会・歴史の本（3類）から選んでおく（次ページのリスト参照）。物語（9類）の中で平和や生命が描かれていることが伝わる一節や，社会・歴史の本（3類）の見出し・写真を抜き出し，掲示用にしたものを用意する。
①「平和」とはどういうことか，直感的に思ったことや普段から感じていることなどを発表する（この言葉を板書）。
②辞典や事典で「平和」の意味や定義を知り，戦争と反対の意味をもつ言葉であることを確かめる（この言葉を板書）。
③「平和」について書かれた物語の一節を読み，フレーズや文章から，登場人物の心情や，平和に込めた作者の願いがあることに気付く。
④教師が提示した社会・歴史の本（3類）と，「平和」についての見出し・写真から，筆者が何を伝えたいのかを考える。
⑤物語（NDCでは9類），社会・歴史の本（3類）から読みたい本を選ぶ。

3 アイデアの応用

【社会科とつなげる】

　6年生社会科の「第二次世界大戦」や「太平洋戦争」の学習と横断的に単元を組む。

【心に残った場面を紹介する】

　読み進める中で出合った，苦しい中でも生きようとする人間の姿や，平和の尊さに心打たれた場面を紹介し合うことを通して，人々の平和に対する感じ方や考え方に触れる。

4 ここに気をつけて！

　戦争・平和をテーマにした本は，物語から社会・歴史の本と多岐にわたるため，図書館のあちこちの棚に分散して置かれている。学習時にコーナーを作って別置しておくと，一箇所にまとまっているため子供の目につきやすく使いやすい。

　また，子供が物語の時代背景をイメージしたいときに，実物，図鑑，事典は参考になる。コーナーを作るときは，物語と一緒に資料を置くとよい。

高学年向けの戦争・平和をテーマにした本

書　　　名	作　　者	出版社	出版年
きみに聞いてほしい	バラク・オバマ述	徳間書店	2016
白旗の少女	比嘉富子	講談社	1989
猫は生きている	早乙女勝元	理論社	1973
ハンナのかばん	カレン・レビン	ポプラ社	2002
シマが基地になった日	真鍋和子	金の星社	1999
ヒットラーのむすめ	ジャッキー・フレンチ	鈴木出版	2004
ぼくの見た戦争	高橋邦典	ポプラ社	2003
戦争を取材する	山本美香	講談社	2011
シゲコ！ヒロシマから海をわたって	菅聖子	偕成社	2010

第1章　明日からできる！　読書活動のアイデア50

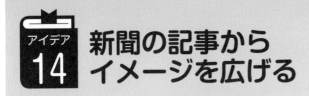

アイデア 14 新聞の記事からイメージを広げる

対象学年➡高学年　　活動場面➡国語
時　　間➡単元はじめ

1　概要「新聞のこのページは，何が書かれているの？」

　新聞を読むには読み方を知り，読み方を知るには新聞のつくりの理解が必要である。そして，新聞を手に取り読んでみることを繰り返すことが大切である。そこで，新聞を使う単元のはじめに，興味をもって新聞記事を読む活動の時間を設定する。

2　内容と手順〈単元のはじめに1時間〉

学習指導要領　国語　5・6年　C　読むこと
(2) ウ　学校図書館などを利用し，複数の本や新聞などを活用して，調べたり考えたりしたことを報告する活動。

【事前準備】新聞を1人1日分，用意する。
①興味ある新聞記事を読んだ体験を発表する。
②新聞の1ページ目を見て，国内外の重大ニュースが書かれていることを理解する。
③新聞を使って，他のページにはどんな内容が書かれているのかを調べる。
④2ページ以降にはページ番号の隣に，書かれている内容の分野名が載っていることを確かめる。
⑤ページの横に書かれている分野を，ワークシートやノートに書く。
⑥好きな分野のページから興味ある記事の見出しを書く。
⑦グループ内で，選んだ記事を紹介し合う。

3 アイデアの応用

【新聞記事の構成を知る】

　新聞には段組がある。読み慣れていない子供は，段組を追うのが難しい。そこで，興味ある新聞ページの記事を一つずつマジックで囲むと，紙面の構成が一目でわかる。自分で新聞記事を書くときにも，最後に枠で囲むと見やすくなる。

記事ごとマジックで囲んだ新聞

【教室の身近な場所に新聞コーナーを設ける】

　学校図書館や教室の近くに新聞コーナーを作っておくと，新聞が身近な読み物になる。新聞で読んだ内容の一部や感想が教室の話題になると，子供は新聞を手に取ろうとする。

【社会科の授業と横断的に取り上げる】

　学習指導要領　社会　〔第5学年〕
2　内容（4）ア（ア）「放送，新聞などの

教室の近くに置いた新聞閲覧台

産業は，国民生活に大きな影響を及ぼしていることを理解すること」の内容と横断的に取り上げることもできる。

4 ここに気をつけて！

　家庭での新聞の購入状況は様々であるため，学校で購入している新聞を，子供の人数分保存しておき，必要に応じて使用する。

　子供用の新聞も，新聞社が出している。また，インターネット配信されている子供向けの新聞（ワークシート付き）もある。

　新聞記事をファイル資料として図書館に保存する場合は，切り取った記事を所定の用紙に貼り，タイトルごとにファイルなどに整理しておくと，探しやすい。

アイデア15 題名から内容をイメージする

対象学年 ➡ 高学年　　活動場面 ➡ 国語
時　　間 ➡ 単元はじめ

1　概要「なぜこの題名が付けられたのかな?」

　文学作品の題名は,作品のテーマと深く関わっている。そこで,題名から内容を想像し実際の内容と比較する活動を通して,題名と内容のつながりを意識するようになる。

2　内容と手順〈単元のはじめに1時間〉

学習指導要領　国語　5・6年　C　読むこと
(1) エ　人物像や物語などの全体像を具体的に想像したり,表現の効果を考えたりすること。

【事前準備】新しく学ぶ教科書単元の教材を準備する。

①教科書で既に学んだ物語の題名を提示し,それぞれに対し,お話の主な登場人物とあらすじを発表する。
②題名と内容には,どのようなつながりがあるのかを話し合う。
③新しく学ぶ「題名」を提示し,そこからイメージできることがらをウェビングする。
④ウェビングした内容をグループ内で共有し合う。
⑤物語を読み,自分のイメージした内容と比べる。
⑥題名と内容のつながりについて考え,発表する。

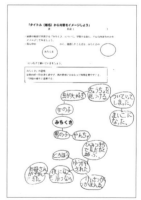

題名からイメージを
広げたウェビング

3　アイデアの応用

【作品から題名を考える】

短編作品を読んで題名を考える。繰り返すことにより、徐々に題名と内容のつながりから、主題（テーマ）に気付くようになる。

> 富安陽子作品
> 『ムジナ探偵局』
> 『菜の子先生がやってきた！』
> 『菜の子ちゃんとキツネカ士』
> 『シノダ！　チビ竜と魔法の実』
> 『ドングリ山のやまんばあさん』
> 『天と地の方程式』
> 『竜の巣』
> 『キツネ山の夏休み』
> 『まゆとおに』
> 『幽霊屋敷貸します』
> 『クヌギ林のザワザワ荘』

【作家ごとに題名を並べてみる】

作家の作品の題名を並べ、内容をイメージする（一斉学習でもグループ学習でも可）。自由な想像、豊かな想像を楽しんだ後、本の紹介を教師が行う。子供は自分のイメージと比べながら紹介を聞く。

【絵本の題名から内容をイメージする】

絵本を並べて、題名と内容のつながりを考える。今まで触れてきた絵本を選んでおくと、内容を理解しているので話し合いが活発になる。また、絵本に触れた後、ペア読書（アイデア37参照）として、下の学年に読み聞かせをすることもできる。

4　ここに気をつけて！

物語を読むときに題名を意識するようになると、読んだ後になぜこの題名が付けられたのだろうかと考えるようになる。前ページのウェビングは、題名と内容をつなげるときに使う言葉の手助けとなる。

アイデア 16 言語を楽しむ

対象学年➡低学年　　活動場面➡国語
時　　間➡単元終わり

1　概要「聞いてください，わたしの早口言葉」

長く親しまれている言葉遊びを通して，言葉のリズムを楽しみ，言葉を通して人と触れ合うことは，言葉の豊かさを育むことにつながる。

2　内容と手順〈単元の終わりに1時間〉

学習指導要領解説　国語　1・2年　知識及び技能
（3）我が国の言語文化に関する事項　伝統的な言語文化
イ　長く親しまれている言葉遊びを通して，言葉の豊かさに気付くこと。
〔前略〕**言葉遊び**としては，いろはうたやかぞえうた，しりとりやなぞなぞ，回文や折句，早口言葉，かるたなど，昔から親しまれてきたものが考えられる。〔後略〕

【事前準備】早口言葉や言葉遊びが書かれた資料。子供の前でできるように早口言葉を練習しておく。
①早口言葉を，教師とともに全員で音読する。
②間違えるところ，詰まるところを発表する。
③個人で練習してみる。
④グループで練習し，合わないところを見つける。合わないところをグループごとに発表する。

教師が選んだ早口言葉の資料

3 アイデアの応用

【しりとり】
　一般的なしりとりの他に，使用する言葉を動物，食べ物などとすると，難易度があがる。

【回文をつくる】
　回文は，「とまと」「しんぶんし」などの単語の他に，文でも作ることができる。回文をつくるコツがわかると，自分で作った回文を友達に紹介したくなる。教室に掲示板を作り，短冊を用意しておくと，回文コーナーができる。

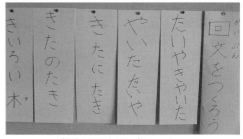
教室に設けた回文コーナー

【モジュールの時間に音読する】
　かぞえうた，いろはうた，早口言葉などは，声に出せば出すほど上手に読めるようになる。モジュールの時間に取り入れ，継続して練習することで，リズムよく言えるようになる。

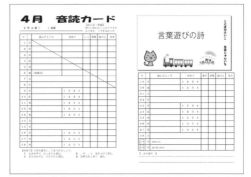
言葉あそびが入った毎月の音読カード

4 ここに気をつけて！

　言葉遊びや詩をまとめた学年ごとの音読集も市販されている。1年間継続して音読したいときは，個人持ちの音読集があると便利である。家庭学習として音読を取り入れている場合は，音読カードの中に音読集の内容を入れ込むとよい。

アイデア17 読書美術館を作る

対象学年➡低学年　活動場面➡国語
時　　間➡単元終わり

1　概要「見てください！わたしのお気に入りの本です」

　読書を重ねていくと，本のおもしろさを友達に紹介したくなる。紹介する一つの方法として，一番好きな場面の絵を描いて紹介する活動を設定した。

2　内容と手順〈単元の終わりに1時間〉

学習指導要領　国語　1・2年　C　読むこと
（1）カ　文章を読んで感じたことや分かったことを共有すること。

【事前準備】今まで読んだ本の中から友達に紹介したい本を，子供自身が選んでおく。

①紹介したい本について，子供が紹介したい理由を発表する。
②「一番すきな場面」の絵を描くという紹介方法があることを知る。作品カードには，「絵のタイトル」「書名」「本を書いた人」を書くことを理解する。絵のタイトルは，書名ではなく，見る人が「どんな本かな」と興味をもつようなものにする。
③気に入った場面を決めて描く。
④作品カードを書く。
⑤グループ内で描いた絵を見せながら，紹介し合う。

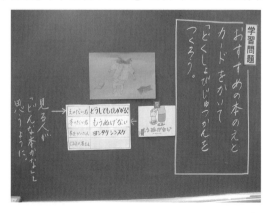

3 アイデアの応用

【読書ノートにお気に入りの場面を描く】

読書ノートに「お気に入りの場面」の絵と，何をしている場面かを文で記録しておくようにする。イメージを描くことは，絵と文をつなげることに役立つ。

【クイズにする】

絵本の挿絵を見ないでお話を聞き，お気に入りの場面を描く。描いた後，グループでどの場面の絵かを当てるクイズを作る。描いた人は，何をしている絵かを説明する。

お気に入りの場面を描いた読書ノート

4 ここに気をつけて！

絵のタイトルは，書名ではなく絵を見る人の興味を引くものにする。そのためには，本の面白さを一言で書き表す必要がある。これは，中学年での「本のポップを作る」（アイデア21参照）で行う「キャッチコピー作り」につながっていく。

図画工作の教科書には，各学年で「お話の絵」が取り上げられている。

本の面白さを一言で書き表したタイトルと作品

図画工作で扱う場合は，お話を聞いて一番描きたい場面を決め，自分なりのイメージを作って描く。この場合は，イメージが固定しないようにお話の絵は見せないようにする。

アイデア 18 役割を決めて音読する

対象学年➡低学年　　活動場面➡国語
時　　間➡単元終わり

1　概要「登場人物の思いを声にします」

　登場人物の気持ちや思いを「演じる」ことは，語彙が少ない低学年の子供にとって，感じ取ったことを声や身振りなどで表現する大切な手段である。本単元の終わりでは，登場人物の言動から感じ取ったことを表現する一つの方法として，役割を決めて音読する活動を設定した。

2　内容と手順〈単元の終わりに1時間〉

学習指導要領解説　国語　1・2年　C　読むこと
（2）イ　読み聞かせを聞いたり物語などを読んだりして，内容や感想などを伝え合ったり，演じたりする活動。
〔中略〕演じるとは，例えば，役割を決めて音読したり，紙芝居を行ったりすることである。〔後略〕

【事前準備】手本となるCD，国語の教科書を用意する。
①役割を決めて音読するときには，人物の話し言葉を読む人と，地の文を読む人が必要であることを理解する。
②手本のCD（または，ラジオ劇など）を聞く。
③音読するときに気をつけることを発表する。

④どの登場人物を誰が読むかを決め，分担に沿って練習をする。
⑤練習後，役割分担が今のままでよいか考える。

3 アイデアの応用

【音読劇】

　学年最後の授業参観などで，各自が1年間頑張った内容を発表する機会を設定する。そのとき，音読が得意な子供でグループを作り，音読劇を行う。保育園や幼稚園では劇を演じた体験のある子も多いので，場を設定すると興味をもって練習に取り組む。

【ペープサート】

　ペープサートとは，紙に人物などを描いて切り抜いたものに棒を付け，背景の前で動かして演じる人形劇。演じ手は，観客に自分の姿を見せることがないため，人前に立って発表することに苦手意識がある子でも，安心して取り組むことができる。

ペープサートを用いた人形劇

4 ここに気をつけて！

　音読と音楽を組み合わせた音楽劇のシナリオがある。『楽譜集　子どものための音楽ものがたり　スイミー　ちいさなかしこいさかなのはなし』（作詞　レオ＝レオニ，谷川俊太郎訳詞　音楽之友社　2002）など。

音楽劇「スイミー」を演じる子供

　音読劇の練習において，互いにアドバイスし合ったり，録画（録音）をして見合ったりすることはよくある。劇をよくしようという目的が共有されているため，相互評価の観点を具体的に示すと，意識して練習するようになる。

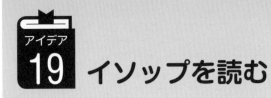

アイデア 19 イソップを読む

対象学年➡低学年　　活動場面➡国語
時　　間➡単元終わり

1 概要「イソップが教えてくれます」

　有名なイソップ童話の中から「ありときりぎりす」のように登場人物が二人のものを選び，二人の言動と自分の体験とを結びつけ，イソップの伝えたかったことを考える活動を設定した。

2 内容と手順〈単元の終わりに1時間〉

学習指導要領　国語　1・2年　C　読むこと
（1）オ　文章の内容と自分の体験とを結び付けて，感想をもつこと。

【事前準備】イソップ童話から，「ありときりぎりす」「うさぎとかめ」「ひつじかいとオオカミ」

「町のねずみといなかのねずみ」など「AとB」というパターンの話を五つ選び，切り離したAとBの絵を描いたワークシート，その絵を板書用に拡大したものを用意しておく。
①イソップ童話には，短い話がたくさんあることを知る。
②五つのイソップ童話の読み聞かせを聞く。
③ワークシートで，それぞれの話に登場した生き物の絵を線でつなげる。
④話の内容と照らし合わせながら答え合わせをする。
⑤それぞれのお話をどう思うか，似たような経験がないか，話し合う。

3 アイデアの応用

【イソップ童話を読む】

　イソップ童話は登場人物が少なく，話の展開が簡潔で，短いものが多いので，読みやすい。読んだ後，簡単なあらすじを友達に紹介する活動を組み入れることもできる。

【日常生活に置き換えてみる】

　「夏休みの宿題をずっとやらずに遊んでいたら最後の日に困った」「痛くないのに薬を塗っていたら本当に怪我した時，薬がなくなってしまった」など，教師が例を出し，イソップのどの話とどこが似ているかを話し合う。イソップの話が日常生活で起こりがちなことのたとえ話になっていることに気付く。

低学年の子供が読んだり，聞いたりできるイソップ童話の本リスト

書　名	出版社	出版年
イソップのおはなし	岩波書店	2013
いそっぷのおはなし	グランまま社	2009
イソップ物語　13のおはなし	BL出版	2012
イソップのお話から	西村書店	1990
イソップえほん　（全5巻）	岩崎書店	2011
イソップえほん　第2期　（全5巻）	岩崎書店	2017
名作よんでよんでイソップどうわ25話	学研教育出版	2010
イソップ絵本館	講談社	2009

4 ここに気をつけて！

　イソップの童話は，子供にとってわかりやすく楽しい物語である。大人は人生に対する戒めや，知恵として読みがちであるが，子供には面白い読み物として紹介し，理屈っぽく，教訓めいた読み取りにならないように留意する。

　イソップ童話の学習をきっかけに，「グリム童話」「アンデルセン童話」についても紹介すると，世界の有名な童話を知るきっかけとなる。

第1章　明日からできる！　読書活動のアイデア50　47

アイデア20 好きな場面を紹介する

対象学年➡低学年　　活動場面➡国語
時　　間➡単元終わり

1　概要「聞いてください！こんなこと感じたよ」

　場面や人物の様子を想像しながら物語を読み終わると，好きな場面や心が動かされた場面のページをもう一度開きたくなることがある。その場面を伝え合うことで，文章を読んで感じたことを共有することができる。

2　内容と手順〈単元の終わりに1時間〉

学習指導要領　国語　1・2年　C　読むこと
カ　文章を読んで感じたことや分かったことを共有すること。

【事前準備】国語の教科書，紹介カードを用意する。
①今までの学習を思い出しながら，全文を音読する。
②お気に入りの場面を，理由をつけて発表する。
③お気に入りの場面の選び方を知る。
　「どきどきしたところ」「おもしろいところ」「わくわくしたところ」「やさしいきもちになったところ」「うれしくなったところ」など。
④お気に入りの場面の文章を，紹介カードに書く。
⑤選んだ理由と場面の絵を書く。
⑥紹介カードを元に，グループで伝え合う。

お気に入りの場面を紹介したカード

48

3 アイデアの応用

【学級で紹介カード文集を作る】

全員が書いたカードをまとめて，1冊のミニ文集にする。製本をして学校図書館に置いておけば次年度の参考になる。

【自分と比べて書いて交流する】

主人公と自分を比較したり，もし自分だったら……と考えたりして，紹介文を書く。物語の終末にこのような文章を書いて，交流することは，中学年のミニ読書会（アイデア23）へつながっていく。

読書ノートを使って交流している様子

【定期的に読書ノートを友達と交流する】

読書の記録を書いている場合は，気に入った本について好きな場面をノートに書いておく。学期に1度程度，モジュールの時間などを使って交流する。

4 ここに気をつけて！

物語を読むと，「おもしろかった」とだけ感想を言う子供がいる。そういう子供には，「どの場面がおもしろかったの？」「好きな場面は？」と尋ねてみる。場面のページを開いたら「ここなんだね」と，余韻を残す。もう少し踏み込めるならば，「この場面の面白かったことをお話して？」と促していく。最後に，「○○の場面がおもしろかったのですね」「○○の場面の○○のことがおもしろかったのですね」というように，一文にまとめる。このようなやり取りを繰り返すことによって，子供は「おもしろかった」だけの表現から，少しずつ抜け出すことができるようになる。

物語を読んだ後の交流を継続すると，物語を読んだ感想は人それぞれであるということを実感できるようになる。

アイデア21 本のポップを作る

対象学年➡中学年　　活動場面➡国語
時　　間➡単元終わり

1　概要「同じ本を読んでも紹介する言葉は違います」

　物語を読んで内容を説明したり考えを伝えたりする方法の一つに，内容や考えを短く端的に表現して作る「本のポップ」がある。単元の終わりに，ポップづくりを通して伝え合う活動を設定した。

2　内容と手順〈単元の終わりに２時間〉

学習指導要領　国語　３・４年　Ｃ　読むこと
（２）イ　詩や物語などを読み，内容を説明したり，考えたことなどを伝え合ったりする活動。

【事前準備】前年度の子供が作った本のポップ，子供に提示するキャッチコピーの例を用意する。

子供が作ったポップ

①黒板に貼った本のポップを見て，ポップに書いてある項目を発表する。
②ポップには，「書名，作者名」「引用」「おすすめ文」「キャッチコピー」「絵」が書かれていることを知る。
③教師が提示した「キャッチコピー」の例示を見て，どのように書けばいいのか考える。
④国語で学習した文学作品のキャッチコピーを考える。
⑤友達同士で，読み合う（ここまでで１時間）。
⑥ポップを完成させる。

3 アイデアの応用

【次の学年に紹介する】
　1年間の読書生活の最後にNo.1の本を決めてポップを作り，次の学年への紹介に使う。

【ポップを見て本を読む】
　友達の言葉で書かれているポップの文章は子供の心に届きやすい。本の近くにポップがあると本を選ぶときに役立つ。

【本の帯を作る】
　ポップという形ではなく，本の帯にしてもよい。帯は，掲示したり本につけて図書館で貸出したりすることもできる。

【教員も本のポップを作って紹介する】
　読書月間など，「教員による本の紹介」を行うとき，紹介後，「書名，作者名」「引用」「おすすめ文」「キャッチコピー」「絵」を入れたポップを作成し，図書館に掲示する。

本のポップを読む子供

教員が作ったポップ

4 ここに気をつけて！

　お気に入りの文を，「　　」を付けて読書ノートなどに書く習慣を付けるようにする。自分の考えと作者や筆者が考えたことを区別するために，「　　」を付ける約束がある（それを「引用」という）ことを教える。
　ポップができた後，引用した「　　」の文を選んだ理由をグループで交流すると，同じ本を読んでも，一人一人印象に残る場面や言葉，感じ方などに違いがあることに気付くことができる。

アイデア22 登場人物図鑑を作る

対象学年➡中学年　活動場面➡国語
時　　間➡単元終わり

1　概要「人物の関係を図にまとめると，全体像がわかります」

　物語の内容を説明するときに，登場人物の関係を把握しておくと，全体像をはっきりと捉えることができる。そのための方法として登場人物図鑑を作る活動を設定した。

2　内容と手順〈単元の終わりに1時間〉

学習指導要領　国語　3・4年　C　読むこと
（2）イ　詩や物語などを読み，内容を説明したり，考えたことなどを伝え合ったりする活動。

【事前準備】教科書教材で学んだ物語文をもとに作成した登場人物図鑑の見本と，登場人物図鑑を書く用紙を準備する。
①見本の登場人物図鑑を使って，既習の物語文の人物関係に目を向けた紹介を聞く。
②本時で作成する物語の登場人物を捉え，用紙に三人ほどの登場人物の名前を書く。
③登場人物の絵を名前の近くに書く。
④絵の下に性格や特徴を書く。
⑤登場人物のつながりを線で結ぶ。
⑥線の上に，関係を書く。

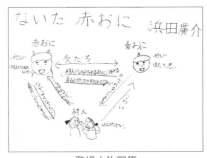

登場人物図鑑

3 アイデアの応用

【登場人物図鑑を使って物語を紹介する】

登場人物図鑑が完成したら，図鑑を友達に見せながら物語を紹介すると，人物と人物の関係を説明しやすくなる。

【読書記録に登場人物相関図を書く】

中学年以降になると，登場人物が増えたり，関係性が変化したりする物語に出合う。「おもしろかった場面」だけではなく人物相関図を書くことにより，人物同士の関係を整理できる。

【登場人物紹介文を書く】

登場人物の数が多い物語の場合は，関係図だけでなく登場人物紹介リストにする方法もある。作品によっては，本の巻頭に紹介されている場合があるので，それをお手本として子供に紹介する。

登場人物図鑑を見せながら，本の紹介をしている様子

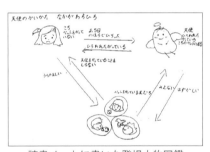
読書ノートに書いた登場人物図鑑

4 ここに気をつけて！

登場人物図鑑は，人物同士の関係を捉えることに重きをおいた方法であるが，絵を描く活動があるため絵に苦手意識のある子供への配慮が要る。棒人間のような簡単な絵でもよいことを伝えるために，黒板に見本を描いておくなどの工夫も大切である。

アイデア23 ミニ読書会をする

対象学年➡中学年　活動場面➡国語
時　　間➡単元終わり

1　概要「同じ本読んだ人，この指とまれ！」

　読書後に，同じ本を読んだ友達同士で交流をすると，感じ方や考えたことが違うことに気が付くことがある。友達と自分との感じ方や考え方の違いに目を向けるために，単元の終わりに交流する活動を設定した。

2　内容と手順〈単元の終わりに1時間〉

学習指導要領　国語　3・4年　C　読むこと
(1) カ　文章を読んで感じたことや考えたことを共有し，一人一人の感じ方などに違いがあることに気付くこと。

【事前準備】単元のはじめに，物語文のテーマに沿った本を紹介し，教材文の学習と並行して読書をしておく。単元の終わりまでに，全員が読書をしておく。

①ワークシートに「一番心に残った場面」「音読したい場面」「好きな登場人物とその理由」について記入する。
②読書会の方法を知る。
③グループになり，司会を決める。
④ワークシートの（1）から順に発表して話し合う。
⑤どのような内容が話し合われたのかを，グループごとにまとめる。
⑥読書会を振り返る。

ミニ読書会ワークシート

3 アイデアの応用

【一人読書と読書会の違いを話し合う】

読書会を行うと、一人読書と読書会の違いに目が向くようになる。ベン図に表すと、共通点や相違点が整理される。それぞれのよさに気付くきっかけにもなる。読書会は、読書と議論が組み合わさっているため、単なる本の紹介よりも、踏み込んだ質問や議論を交わすことができる。

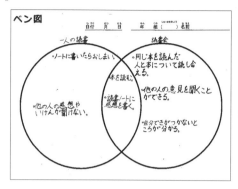

4 ここに気をつけて！

初めての読書会の場合、作品によっては話し合いが深まる場合とそうでない場合がある。初めてのときは、質問や議論の進め方、ワークシートの書き方を知ることに時間をかけたい。そこで、最初に10分程度で読める短い物語を読み聞かせし、読み聞かせを読書に代えると読書の時間が短縮され、話し合いの時間を確保できる。

読書会をするためには、本を全員が読んでいることが前提になる。読書が得意でない子供もいるので、モジュールの時間などを使って読むなど、全員が単元を通して読書できるように計画するとよい。

読書会を進めやすい作品リスト

	書名	作者	出版社	出版年
1	かあちゃん取扱説明書	いとうみく	童心社	2013
2	しあわせの子犬たち	M・ラバット	文研出版	2008
3	くりぃむパン	濱野京子	くもん出版	2012
4	ココロ屋	梨屋アリエ	文研出版	2011
5	いえででんしゃ	あさのあつこ	新日本出版社	2000
6	そいつの名前はエメラルド	竹下文子	金の星社	2008

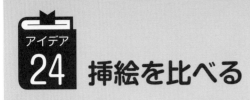

アイデア 24 挿絵を比べる

対象学年➡中学年　活動場面➡国語
時　　間➡単元終わり

1　概要「おなじ物語をちがう絵で読んでみると…」

　挿絵に具体的な情景を描く助けをしてもらいながら，子供は教材文を読み進めている。特に，教科書教材の挿絵には，子供が文章から情景を想像することを助け，読みを補う役割がある。単元の終わりに，挿絵に描かれた情景と文章をつなげ，さらに具体的に情景を描くことができるように，教科書教材の挿絵と違う挿絵を比べる活動を設定した。この活動には，自分のイメージとの違いに気付いたり，もう一度場面の情景に目を向け直したりしてほしいという願いがある。

2　内容と手順〈単元の終わりに1時間〉

学習指導要領　国語　3・4年　C　読むこと
（1）エ　登場人物の気持ちの変化や性格，情景について，場面の移り変わりと結び付けて具体的に想像すること。

【事前準備】教科書の教材文と同じお話の絵本（または本）を用意する。
①学習した教材文の挿絵を見て，どんな物語のどの場面かを振り返る。
②教師が提示した，同じ物語の違う挿絵を見る。
③順番に並べられた二つの挿絵を比べ，同じところや違うところをワークシートに書き，発表する。
④それぞれの絵を叙述に即して，見直す。
⑤挿絵が読み手に与えるイメージや，働きについて考える。

3　アイデアの応用

【各学年で行なう】

　「白いぼうし」「ごんぎつね」「大造じいさんとがん」「注文の多い料理店」など，各教科書会社が共通して掲載している物語文ならば，挿絵を使った比較ができる。選ぶとしたらどの挿絵にするのかを決めると，自分の描いたイメージを言葉で表現することにつながる。

【原作の絵本を読む】

　挿絵のもとになっている絵本を単元の最後に読み聞かせをするのもよい。挿絵を描いた画家が描いた物語の世界を味わったり，原作というものがあることを知ったりする機会にもなる。

挿絵でくらべる『ごんぎつね』の絵本・紙芝居リスト

挿　　　絵	出版社	出版年
黒井健	偕成社	1986
かすや昌宏	あすなろ書房	1998
鈴木靖将	新樹社	2012
長野ヒデ子	童心社（紙芝居）	1994

挿絵でくらべる『注文の多い料理店』絵本リスト

挿　　　絵	出版社	出版年
小林敏也	好学社	2013
池田浩彰	講談社	1985
スズキコージ	三起商行	1987
いもとようこ	金の星社	2018

4　ここに気をつけて！

　挿絵を比較すると，子供は自分の好みに傾きやすい。挿絵とともに本文の叙述も提示すると，叙述のどこに重きが置かれて挿絵が描き出されているかという視点が与えられる。この学習を通して挿絵の与えるイメージや働きに気付くと，そのあとの物語教材の挿絵の見方や感じ方も変わってくる。

アイデア25 物語の続きを書いて読み合う

対象学年➡中学年　活動場面➡国語
時　　間➡単元終わり

1 概要「作家になった気分！」

物語を読み合えた後，「この続きはどうなるのだろう」という気持ちになる作品がある。続きを書く活動を通して，物語の展開が皆異なることに気付き，一人一人の感じ方の違いに目が向くきっかけになる。

2 内容と手順〈単元の終わりに1時間〉

学習指導要領　国語　3・4年　C　読むこと
（1）カ　文章を読んで感じたことや考えたことを共有し，一人一人の感じ方などに違いがあることに気付くこと。

【事前準備】続きの物語を書く作品が載っている教科書を用意する。
①今まで出合った物語で，続きがどうなるのか気になった作品を発表する。
②作品の続きをどのように展開するのかを大まかに話す。
③物語の続きに必要なことを確認する。時を表す言葉，場面など。
④続きを書く。
⑤友達と読み合う。

子供が書いた続きの話▶

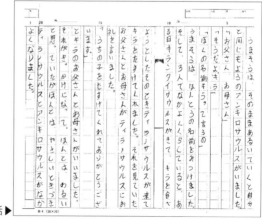

3 アイデアの応用

【続きがある物語の読み聞かせを聞く】

絵本には，山下明生『島ひきおに』(偕成社，1973)の続編である『島ひきおにとケンムン』(偕成社，1986)のように，実際に続きがあるものもある。読み聞かせをするとき，続きを予想してから，続きのお話を読むのもよい。

子供が書いたミニ絵本

【物語を書いてみる】

物語の続きを書くと，「自分で最初から物語の構成を考えて書きたい」という子供がいる。その場合は，登場人物や展開を自分で決め，まずは，物語のプロットを作る。物語を書き終わったら，一冊の本にするのもよい。中が白紙になっていて，ミニ絵本ができる冊子もある。小学生でも応募できる創作童話コンクール（ＪＸＴＧ童話賞）があり，作品集（『童話の花束』ＪＸＴＧホールディングス）も出ている。

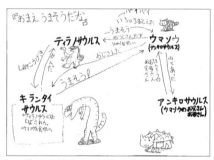

物語の続きの元になる登場人物図鑑

4 ここに気をつけて！

続きを書くときには，元の作品の登場人物の関係について押さえておく必要がある。その場合は，「登場人物図鑑を作る」（アイデア22参照）を作っておくと，人物同士の関係を把握しやすい。また，新たに登場人物が増える場合は，どういう性格なのかも決めておく。

アイデア26 ミニ文集を作る

対象学年➡高学年　　活動場面➡国語
時　　間➡単元終わり

1　概要「私は,この一文を心に留め置きます！」

　物語を読んでいると心に留めておきたい一文に出合うことがある。互いの意見や感想を共有し,自分の考えを広げる機会とするために,1年間読んだ物語の中からお気に入りの一行を選び,学級文集を作る活動を設定した。

2　内容と手順〈単元の終わりに1時間〉

学習指導要領　国語　5・6年　C　読むこと
（1）カ　文章を読んでまとめた意見や感想を共有し,自分の考えを広げること。

【事前準備】国語の教科書。もしあれば,読書記録が残っている読書ノートなどを準備する。
①物語の中で,自分が気に入った一文を選び,気に入った理由を書く。
②グループで,気に入った一文とその理由を発表し合う。
③文集にまとめるために,一文以外に何を書けばいいのかについて,話し合う。
④文集にするために,学級で決めた形式に沿って書く。
⑤書いた後,グループ内で発表し合う。

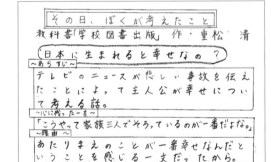
心に残った一言を書いたミニ文集

3　アイデアの応用

【本格的な文集を作る】

　卒業文集を作るときに，各自が心に残ったことや将来の夢などの他に，「読書」を入れることもできる。テーマとして，「思い出の絵本」「思い出の物語」「読書とは？」などがある。文集完成後に読んだとき，互いの感じ方や考え方の違いを多方面から受け取ることができる。書き方としては，メモ的に書いたり，原稿用紙１枚に書いたりと，文集のページ数に合わせて選ぶようにする。製本して，図書館に保管しておくのもよい。

【座右の銘を決めて掲示する】

　伝記を読んだ後などに，偉人の名言に出合うことがある。中学校へ向けて，自分が座右の銘にしたい言葉を選び，文集に載せるのもよい。心に残った座右の銘は，自分を励ましたり助けたりしてくれるときもある。画用紙に書くと，卒業式の掲示にも使える。

読書ミニ文集

4　ここに気をつけて！

　卒業へ向けての時期は，スケジュールが混んでおり，教師にとっては時間のやりくりに苦労することも多い。そのような中で，文集の完成は，子供が楽しみにしていることの一つでもある。完成した冊子を読み合う時間を，ぜひ大切にしたい。

第１章　明日からできる！　読書活動のアイデア50　61

アイデア 27 読書会をする

対象学年 ➡ 高学年　　活動場面 ➡ 国語
時　　間 ➡ 単元終わり

1　概要「本を通して人を知ります」

　高学年になると，同じ本を読んでも人によって感じ方や考え方が異なることが理解できるようになる。共有する場があることは，自分の考えを広げる機会となることから，単元の終わりに読書会を設定した。友達の考えとの違いに気付いたり共感したりしながら，質問し，感想や意見を語る活動を通して，自分の考えを広げてほしいと考えている。

2　内容と手順〈単元の終わりに1時間〉

学習指導要領　国語　5・6年　C　読むこと
（1）カ　文章を読んでまとめた意見や感想を共有し，自分の考えを広げること。

【事前準備】単元のはじめに教材のテーマに関連のある本を選び，子供に紹介しておく（ブックトークをしてもよい）。子供は読書会当日までに，単元に並行して自分が選んだ本を読み，ワークシートに記入しておく。
①読書会の流れを聞く。
②単元を通して読んだ本の中から1冊選ぶ。
③選んだ本ごとのグループになり，司会を決める。
④ワークシートをもとに，自分の考えを伝え，話し合う。
⑤グループで話し合われた内容についてまとめ，発表し合う。

3 アイデアの応用

【自分の心に残った一文を書く】

　ワークシートに書いた「よい表現だと思ったところ（一文）」をA4の紙に書き，選んだ理由も一緒に発表する。発表後は，掲示しておくよい。

【違う本を読んだ友達と読書会をする】

　この読書会は，同じ本を読んだグループ毎に行ったが，違う本を読んだ友達同士でグループになって読書会を行うこともできる。単元のはじめに本を紹介されているため，読んでいない本にも興味をもつきっかけとなる。

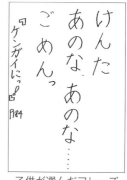

子供が選んだフレーズ

4 ここに気をつけて！

　読書会を計画しているときは，単元の進行に並行して読み進めることができるように，単元のはじめに本を紹介する。モジュールの時間などを使い，読書会までに全員が数冊は読み終わっているようにする。

読書会で話し合う内容をまとめたカード

　読書後，ワークシートに記入するとき，読んだ内容をはじめから思い出すのを負担とする子供がいる。このような子供に対して，記入する項目を色上質紙に印刷し，しおり代わりに渡しておく方法がある。読みながら書きたいことを見つけたとき，しおりが近くにあると記入する項目を一覧しやすい。付箋紙を用意しておくと本のページに貼っておくこともできる。

アイデア28 テーマを決めて本を紹介する（ブックトーク）

対象学年➡高学年　　活動場面➡国語
時　　間➡単元終わり

1　概要「聞いてください，わたしのブックトーク」

　物語文や説明文の学習後，関連書籍を読むと様々な捉えかたや，表現の違いがあることに気付く。この気付きを伝えるときに用いられる一つの方法としてブックトークがある。テーマに沿って複数の本を関係づけて紹介する活動を通して，複数の視点から自分の考えを伝える力を育みたいと考える。

2　内容と手順〈単元の終わりに1時間〉

学習指導要領　国語　5・6年　C　読むこと
（2）ウ　学校図書館などを利用し，複数の本や新聞などを活用して，調べたり考えたりしたことを報告する活動。

【事前準備】学習した教材文「みちくさ」から「友達の作り方」というテーマを決め，関連する本を2・3冊選ぶ。ブックトークの組み立て表を作成し，練習をしておく（次ページ）。子供が書き込む組み立て表を人数分印刷する。
①教員が行うブックトークを聞き，ブックトークとはどんなものかを知る。
②組み立て表を見ながらブックトークの組み立て方を知る。
③テーマに沿った本を集め，組み立て表に記入する。
　＊場面の挿絵を見せたり，実物を見せたり，部分を音読したりして，本ごとに紹介の方法を変えると，聞き手を引きつけることができる。
④グループ内でブックトークを行う。
　＊聞くときは，複数の本がテーマにつながっているかという視点をもつ。
　＊全体の前よりもグループからブックトークを始めると，気軽にできる。

3 アイデアの応用

【友達のブックトークを聞く】

友達のブックトークのどこがよかったのかを考え，自分のブックトークに取り入れるようにする。組み立て表に赤ペンで書き入れたり付箋紙を貼ったりすると，わかりやすい。

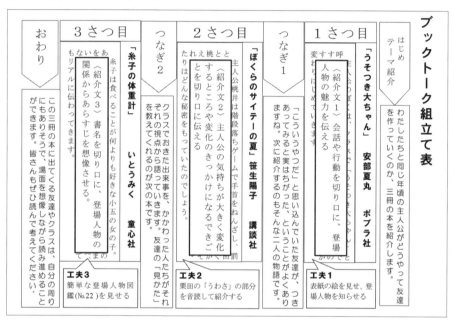

4 ここに気をつけて！

子供がテーマをもとに本を選び，それらをつなげて話すには多くの本を読んでいる必要がある。短時間で取り組める工夫として，学習した教材文のテーマを扱うと，残りの本を選びやすくなる。また，単元のはじめに，テーマに沿った本を10冊ほど提示しておくと，単元と並行して読書ができる。

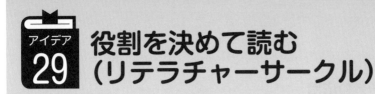

アイデア29 役割を決めて読む（リテラチャーサークル）

対象学年➡高学年　活動場面➡国語
時　　間➡単元終わり

1　概要「自分で気付かないところが明らかになります」

　同じ物語を読んでも，感じ方や捉え方が異なる。その違いを共有するときに，自分の意見を述べるのは意外と難しい。同じ物語を四〜五人で「役割」を決めて読み，読書後に議論する手法をリテラチャーサークルという。役割に沿った読み方をもとに，ワークシートに記入したり発表・議論したりする体験を重ねることで，物語を読むときの視点を意識するようになる。

2　内容と手順〈単元の終わりに1時間〉

学習指導要領　国語　5・6年　C　読むこと
（1）カ　文章を読んでまとめた意見や感想を共有し，自分の考えを広げること。

【事前準備】人と人とのつながりをテーマに『サイテーなあいつ』『うそつき大ちゃん』『チームふたり』『こども電車』『ケンガイにっ！』を選んだ。それぞれの本を5冊ずつ用意。事前に全ての本を紹介し，子供は紹介をもとに読みたい本を選ぶ。同じ本を選んだ子供同士でグループを作っておく。人数にばらつきがあった場合は調整し，四〜五人が1グループになるようにする。

①役割（次ページ参照）と読むページを決めて読み，ワークシートに書く。
②読み終わったら，役割ごとに順番に読みの解釈を伝え，質問・意見を交換。
③その後のページは，個人読書とする（通常は役割を変え①②を繰り返す）。

3　アイデアの応用

【手法を理解するために】

　本を複数用意するのが大変な場合や役割の理解に重点をおく場合は，教科書の物語文を「役割」を決めて読むことをおすすめする。それぞれの役割について，どのような視点で読むのか，何をワークシートに書くのか，何を話せばいいのか，また，話し合いでの意見交換の仕方がわかってくると，リテラチャーサークルが楽しくなる。一人読書と質問・議論が組み合わさっているので，手法を理解するまでに時間が要るが，手順がわかると，子供達自身で進めるようになる。慣れてきたら，読書の時間と議論の時間を離してもよい。

4　ここに気をつけて！

　リテラチャーサークルの役割は五つある。リテラチャーサークルを繰り返すときは，役割も変える。役割ごとにメモできるワークシートを用意する。

* 思い出し屋……この本で読んだことと，他とのつながりを発見する役割
* 質問屋　　……疑問に思ったこと，グループで話し合いたい質問を作る
* 言葉屋　　……読んだ中で特別な言葉を見つける役目
* 段落屋　　……音読したい段落や話し合いたい段落を選ぶ役目
* イラスト屋……目に浮かんだ情景などを絵・図にする

　リテラチャーサークルは，1990年代から2000年代にアメリカで盛んになった読書指導法である。リテラチャーサークルは，Literature（文学），circle（集まり）から，文学を友達と同じ時間に同じページを読むことを基本としている。日本では足立幸子氏がハーベイ・ダニエルズの手法を紹介している。

　リテラチャーサークルという手法で1冊の本全部を読もうとすると3～4時間必要になる。

　学校図書館には同じ本が5冊もないことがほとんどである。リテラチャーサークルの実施を前提に購入したり公共図書館から借りたりする場合が多い。

第1章　明日からできる！　読書活動のアイデア50　67

アイデア30 歴史上の人物を読む

対象学年➡高学年　　活動場面➡国語・社会
時　　間➡単元終わり

1　概要「ライバル？名コンビ？二人の関係をさぐれ」

　歴史上の人物には，中学年頃から興味を持ち始める子供が多い。歴史の学習が始まると，その人物と時代背景や人物間の関係なども学び始める。そのとき1冊の本を読んでよしとするのではなく，複数の本を読んだり調べたり，さらには関係付けて考えたりすることを通して，考えを導くようにしたい。そこで，対で取り上げられることの多い「二人の人物」の人間像と生きた時代を，複数の本を読み関係付ける活動を設定した。

2　内容と手順〈単元の終わりに1時間〉

学習指導要領　国語　5・6年　C　読むこと
（2）ウ　学校図書館などを利用し，複数の本や新聞などを活用して，調べたり考えたりしたことを報告する活動。

【事前準備】有名な二人組である「清少納言と紫式部」を比べた提示用の表と，その他の二人組を書いた掲示用カード（次ページのリスト参照）を10組程度，用意する。人物事典やそれらの人物の伝記を用意。
①「清少納言と紫式部」が活躍した時代，したことや特徴を発表する。
②他の二人の表を見て，名を連ねて登場するのはどうしてかを考える。
③「ライバル」や「同志」など関係のキーワードになるふさわしい言葉をさがし，この二人の関係をキャッチコピーにして表す。
④提示された他の二人組を見て，調べたい二人を選ぶ。
⑤二人についてどんな本を読めばいいのか，教師からの本の紹介を聞く。

3　アイデアの応用

【他の二人組を見つける】

　提示された二人組以外に，学習した人物や教科書や資料集に載っていた人物で関わりが深そうな二人を自分で選び，調べる。

【グループで報告し合う】

　同じ二人組を選んだ友達とグループを作り，二人組の特徴や関係を聞き合う。

【クラスで発表し合う】

　自分が調べた二人組について，プレゼンテーションを行う。クラスで共有することを前提とするときは，

関係のある二人	キーワード
中大兄皇子と中臣鎌足	天皇中心の国作り
行基と鑑真	仏教の発展
紫式部と清少納言	国風文化
平清盛と源義朝	源平の戦い
源義経と源頼朝	武士の世の中
雪舟と世阿弥	室町文化
足利義満と足利義政	室町文化
織田信長と豊臣秀吉	天下統一
徳川家康と徳川家光	江戸幕府　地盤固め
近松門左衛門と井原西鶴	元禄文化
歌川広重と葛飾北斎	化政文化
杉田玄白と本居宣長	蘭学と国学
西郷隆盛と大久保利通	薩摩藩　倒幕リーダー
勝海舟と福沢諭吉	咸臨丸
大隈重信と板垣退助	議会政治
陸奥宗光と小村寿太郎	条約改正
北里柴三郎と野口英世	世界で活躍した科学者

A4用紙にまとめたものを見せながら行うと伝えやすい。その場合は，形式や観点をあらかじめ示した上で行うと，聞き手が聞きやすくなる。

4　ここに気をつけて！

　百科事典や歴史事典，人物事典を使い，人物について大まかに捉えて関係を見つけ出すと，さらに細かいことを調べやすくなる。さらに調べたい時は伝記や歴史の本で調べるようにする。

　学習した時代の単元の終わりに行う場合は，戦国時代の二人組，明治維新の二人組など同時代から二人組を選ぶ子供が多い。中には，時代を遡って二人組を選ぶ子供もいる。上記のような二人組のリストを作っておくと，本の準備にも役立つ。発展学習として，日本人と外国人を比べることもできる。「卑弥呼とクレオパトラ」，「豊臣秀吉とナポレオン」など，歴史上の人物に興味をもつきっかけとなる。

第1章　明日からできる！　読書活動のアイデア50　69

アイデア31 読みたい本を探す

対象学年➡低学年　　活動場面➡学級活動
時　　間➡特別活動

1　概要「図書館のどこに何の本があるかを知ります」

学校探検で図書館の存在を知った1年生は，興味津々。この時期に合わせ，学校図書館へ行き，自分の読みたい本を探して借りることを学ぶ。

2　内容と手順〈年度はじめの学級活動の時間に1時間〉

学習指導要領　特別活動〔学級活動〕
（3）ウ　主体的な学習態度の形成と学校図書館等の活用
　学ぶことの意義や現在及び将来の学習と自己実現とのつながりを考えたり，自主的に学習する場としての学校図書館等を活用したりしながら，学習の見通しを立て，振り返ること。

【事前準備】図書カードを学級の児童分，用意しておく。

①学校図書館の中を歩き，教室にはなくて学校図書館の中にあるものを探して発表する。
②カウンター，バーコードリーダー，パネルサインなどの役割を聞く。
③絵本コーナーへ行き，読み聞かせを聞く。
④絵本コーナーから好きな本を選ぶ。
⑤借り方を知り，貸出し手続きをして本を借りる。

読みたい絵本を選んでいる子供

3 アイデアの応用

【科学の本を読もう】

科学絵本の読み聞かせを聞いて，科学の絵本を借りる。科学の本は，4類の棚にあることを知り，図書館は，内容によって10のなかまに分けられていることを学ぶ。

【読書の記録を書こう】

読書の記録は，無理なく1年間継続できるような形式にする。モジュールの時間などを利用した読書の記録をつける時間を確保したい。

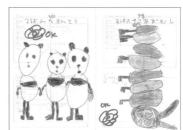
読書の記録

【朝読書を学校図書館で行う】

朝読書に学校全体で取り組んでいる場合は，学校図書館で読書する曜日で学年を固定しておくと，本の返却・貸出しがしやすい。

朝読書に関するお知らせ

4 ここに気をつけて！

1年生が初めて本の貸出しと返却を学ぶときは，子供の混乱を避けるために本の貸出しと返却を学ぶ日を別に設定する。自由に図書館へ行き来できるようになったら，「本を1度に□冊，□日借りられる。図書館が開いているのは朝と昼休みと放課後」等の学校図書館のきまりを伝える。

本を正しい場所に返却するのがまだ無理な場合，学校によっては，1年生専用の「返却ボックス」や「返却棚」を用意する場合がある。

1年生用の返却ボックス

アイデア32 読書ノートを書く

対象学年⇒全学年　　活動場面⇒学級活動
時　　間⇒特別活動

1　概要「友達にも紹介できます」

　年度始めに図書館へ行って，使い方や本の借り方を学ぶ時間がある。スタート時に，読書記録の書き方も合わせて指導しておくと，読書記録をつけることが習慣となりやすい。

2　内容と手順〈年度はじめに1時間〉

学習指導要領　特別活動〔学級活動〕
（3）ウ　主体的な学習態度の形成と学校図書館等の活用
　学ぶことの意義や現在及び将来の学習と自己実現とのつながりを考えたり，自主的に学習する場としての学校図書館等を活用したりしながら，学習の見通しを立て，振り返ること。

【事前準備】読書の記録を書く冊子（ノートなど），図書館ガイダンス用のワークシートを用意する。
①図書館の使い方を知る。
②図書館の使い方に従って，本を借りる。
③前年度の学年の子供が書いた読書記録を見る。
④読書記録を書く目的を話し合う。
⑤読書記録の書き方を知り，借りた本の情報（書名，作者，分類番号など）について書く。

ガイダンス用ワークシート例

3 アイデアの応用

【1年～6年の読書記録を保存する】

年度の終わりに，全学年の読書記録の中から，次年度の参考にしたいページをコピーして保存しておくと，年度始めの授業で紹介するときに役立つ。

【ノートで読書交流をする】

読書ノートを書いて1ヶ月後ぐらいに，モジュールの時間を使って，ノートをグループでお互いに読み合う時間を作る。ノートを読むだけで，友達が読んでいる本に興味をもつようになる。

【読書ノートの紹介をする】

定期的に，子供の読書ノートの一部を図書館前に掲示する。紙面を通して子供同士の本の紹介ができる。

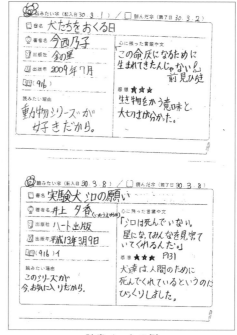

読書ノートの例

4 ここに気をつけて！

1年から6年の読書ノートは，学年に応じて書く内容や書式を決める。負担感がなく，継続できる内容になるよう，前年度の反省を生かして，図書館担当や各担任と相談するとよい。

読書ノートに書くことについては，読んだ本をすべて書く必要はないこと，自分が残したいと思う本を選んでいいことを，子供に伝えておく。

アイデア33 ビブリオバトルをする

対象学年➡全学年　　活動場面➡学級活動
時　　間➡特別活動

1　概要「本でバトルしよう！」

　ビブリオバトルは，「人を通して本を知る　本を通して人を知る」をキャッチコピーにした本の紹介コミュニュケーションゲームである。手軽にでき，公共図書館などで大会が開催されている。

2　内容と手順〈学級活動の時間に1時間〉

学習指導要領　特別活動　〔学級活動〕
（3）ウ　主体的な学習態度の形成と学校図書館等の活用
　学ぶことの意義や現在及び将来の学習と自己実現とのつながりを考えたり，自主的に学習する場としての学校図書館等を活用したりしながら，学習の見通しを立て，振り返ること。

【事前準備】読んで面白いと思った本1冊。4～5人でグループを作っておく。生活班でもよい。
①ビブリオバトルの手順と約束を聞く。
②グループごと，1人ずつ順番に本を紹介する。
　（公式ルールでは5分だが，小学生は1人3分も可。ミニビブリオバトルと呼ばれる）
③それぞれの発表の後に参加者全員でその発表に関する質問や意見を交換する。（2～3分）
④全ての発表が終了した後に「一番読みたい本はどれか？」を基準に投票し，「チャンプ本」を選ぶ。

チャンプ本を決めている様子

3 アイデアの応用

【学級のチャンプ本獲得者を決める】

　グループのチャンプ本の獲得者が決まった後に，学級のチャンプ本獲得者を決めることもできる。グループと全体とでは，話すことの抵抗感に大きな違いがあることを，心に留めておきたい。

4 ここに気をつけて！

　ビブリオバトルを世に広めた谷口忠大氏は，「ビブリオバトルは，誰でも遊べる，誰でも開催できる，本の紹介を中心としたコミュニュケーションゲームだ。ビブリオバトルというゲームを仲間と遊ぶだけで，面白い本に出会える，お互いのことを知ることができる，自分の興味や読んだ本の面白さを知ってもらえる，……（以下略）」「イメージ的には少人数でやるフットサルやドッジボールのようなカジュアルなスポーツに近い」と紹介している。

　「知的書評合戦　ビブリオバトル公式ウェブサイト」には，ビブリオバトルの手順，よくある質問などが紹介されている。

1　発表参加者が読んで面白いと思った本を持って集まる。
　a　他人が推薦したものでもかまわないが，必ず発表者自身が選ぶこと。
　b　それぞれの開催でテーマを設定することは問題ない。
2　順番に1人5分間で本を紹介する。
　a　5分が過ぎた時点でタイムアップとし発表を終了する。
　b　原則レジュメやプレゼン資料の配布等はせず，できるだけライブ感をもって発表する。
　c　発表者は必ず5分間を使い切る。
3　それぞれの発表の後に参加者全員でその発表に関するディスカッションを2〜3分行う。
　a　発表内容の揚げ足をとったり，批判をするようなことはせず，発表内容でわからなかった点の追加
　　説明や，「どの本を一番読みたくなったか？」の判断を後でするための材料をきく。
　b　全参加者がその場が楽しい場となるように配慮する。
　c　質問応答が途中の場合などに関しては，ディスカッションの時間を多少延長しても構わないが，当
　　初の制限時間を大幅に超えないように運営すること。
4　全ての発表が終了した後に「どの本が一番読みたくなったか？」を基準とした投票を参加者全員一票
　で行い，最多票を集めたものを『チャンプ本』とする。
　a　自分の紹介した本には投票せず，紹介者も他の発表者の本に投票する。
　b　チャンプ本は参加者全員の投票で民主的に決定され，教員や司会者，審査員といった少数権力者に
　　より決定されてはならない。

ビブリオバトル公式ウェブサイトより抜粋

アイデア34 1年間の読書を振り返る

対象学年➡全学年　　活動場面➡学級活動
時　　間➡特別活動

1　概要「今年は，どんな読書生活だったかな？」

　年度の終わりに，1年間の読書を振り返ることは，次年度への意欲付けにつながる。学校図書館を幅広く活用していくために，9類の読み物だけでなく0～8類の本も使ったことを思い出し，どの授業でどの本を読んだのか，特に興味をもったのはどの本かなど，振り返りの場を設定した。

2　内容と手順〈1年間の振り返りの時期に〉

学習指導要領　特別活動　〔学級活動〕
(3)ウ　主体的な学習態度の形成と学校図書館等の活用
　学ぶことの意義や現在及び将来の学習と自己実現とのつながりを考えたり，自主的に学習する場としての学校図書館等を活用したりしながら，学習の見通しを立て，振り返ること。

【事前準備】読書の記録ノートを準備する。
①1年間，図書館を何の授業で使ったかを想起する。
②読書ノートを見て，どの種類（分類）の本を読んだのか，一番印象に残った本とその理由，読書についての考え方の変容などを振り返り，ノートに記入する。
③振り返りをグループで交流する。
④一番印象に残った本を発表する。

1年間の振り返りの様子

3 アイデアの応用

【何類の本を読んだかな】

　棒グラフが書ける学年では，1年間に借りた本を10進分類の番号毎にグラフにしてみる。どの類の本をよく読んだのかを知る機会となる。

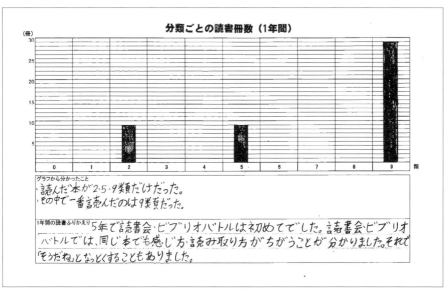

グラフを入れて書いた1年間の振り返り読書ノート

4 ここに気をつけて！

　読書について1年間を振り返ると，何冊読んだかの競争だけになってしまう場合がある。もちろん，多く読んだことは賞賛されるが，冊数の競争ではなく，どのような本に出合ったのか，自分と読書の関係性について自分の言葉で振り返るようにしたい。

　学校評価に読書の項目がある場合は，その結果を図書館部会で話し合い次年度の図書館計画に生かす。特に読書が好きではないと回答した子供の理由に着目すると，今年度の図書館運営の反省点が見えてくる。

アイデア 35 読み聞かせを聞く

対象学年 ➡ 全学年　　活動場面 ➡ 児童会活動
時　　間 ➡ 特別活動

1　概要「お兄さん，お姉さんからお話を聞きます」

　本との出合いを入学式初日から組み入れることができる。明日からの学校生活を楽しみにするために，入学初日に本の読み聞かせを設定した。

2　内容と手順〈児童会活動の時間〉

学習指導要領　特別活動　〔児童会活動〕
（3）学校行事への協力　学校行事の特質に応じて，児童会の組織を活用して，計画の一部を担当したり，運営に協力したりすること。

【事前準備】1年生に読み聞かせをする絵本を用意する。読み聞かせ担当の子供は，練習をしておく。
①あいさつをする。
②何冊かの絵本を見て，どの本を読んでほしいか挙手をする。
③読み聞かせを聞く。
④読み聞かせを聞いた後，楽しかった場面を発表する。

入学式当日（入学当初）に読み聞かせをするのにふさわしい絵本リスト

	書名	作者	出版社	出版年	大型絵本
1	えらいえらい！	ますだゆうこ	そうえん社	2008	○
2	よかったねネッドくん	レミーチャーリップ	偕成社	1997	○
3	ねえ，どれがいい？　新版	ジョン・バーニンガム	評論社	2010	
4	コッケモーモー！	ジュリエット・ダラス＝コンテ	徳間書店	2001	
5	うえきばちです	川端誠	ＢＬ出版	2007	

3 アイデアの応用

【初日以降も読み聞かせを聞く】

入学してしばらくは，1年生の教室へ上級生が朝のお手伝いに行く場合がある。一緒に遊んでもらったり本を読んでもらったりすることは，心と心をつなぐ架け橋となる。

【読んでもらった本を読む】

入学式の日に大型絵本を読む図書委員会の子供

読み聞かせした本は，教室内に「読んだ本」というコーナーを作って置いておくようにする。読んでもらった本が身近にあると，自分で手にとって読む機会が増える。

【読み聞かせして欲しい本を選ぶ】

教師が用意した30冊程度の絵本から，子供が「読んで欲しい本」を1冊選び，本の上に付箋紙を貼る。担任は，希望の多い絵本から順番に，1日1冊ずつ読み聞かせをする。子供が選ぶことでより主体的に聞くようになる。

4 ここに気をつけて！

入学式準備は，新年度はじまってすぐの忙しい時期に行われる。学校の組織もまだ始動したばかりなので，読み聞かせは，前年度3学期（または後期）の図書委員会の子供の担当にしておくと，無理なくできる。

子供は，様々な幼稚園や保育園から入学してくるので，読み聞かせを聞く習慣にばらつきがある。そのため，絵に集中できる「大型絵本」が図書館にあれば，それを使うようにする。

声のトーンや読む早さが違うと，聞き手が混乱するので，数人の子供で担当する場合，1冊の本は一人で読み通すように指導する。

アイデア36 卒業生が本を紹介する

対象学年 ➡ 6学年　　活動場面 ➡ 学級活動
時　　間 ➡ 特別活動

1　概要「卒業生と在校生を本でつなぎます」

卒業式という巣立ちの儀式を前にし，卒業生が在校生にぜひ読んで欲しい本を選び掲示する活動を設定した。この活動は，在校生はもちろん，保護者や教師にとっても，子供の成長を感じられる一コマになる。

2　内容と手順〈卒業式前の準備の時間で〉

学習指導要領　特別活動〔学級活動〕（3）一人一人のキャリア形成と自己実現
ア〔前略〕学級や学校での生活づくりに主体的に関わり，自己を生かそうとするとともに，希望や目標をもち，その実現に向けて日常の生活をよりよくしようとすること。

【事前準備】卒業生が，在校生に読んで欲しい本を準備する。

①準備した本をグループ内で紹介し合う。
②どういう形で掲示すればよいかを話し合う。（ポスター，帯，ポップなど）
③読書記録などをもとに，掲示物の内容を選ぶ。
④掲示物を作成する。
⑤作成した掲示物を友達同士で読み合う。
⑥掲示場所に，本と共に掲示する。

3　アイデアの応用

【新年度の貸し出しは，卒業生の本から】

　掲示物は新年度までそのままにしておく。新6年生の最初の図書館利用日に，その中から本を借りる。

【全学年で次の学年へ本を紹介しよう】

　1年間の終わりに，読書ノートを見ながら，「一学年下の学年の子供に読んで欲しい本」を紹介する掲示物を作り，本と共に置いておく。次年度最初の図書館利用日に，全ての学年の子供は1学年上の子供が紹介した本の中から借りることができる。

4　ここに気をつけて！

　儀式的行事での掲示は，保護者はもちろん，地域の方など，いつも以上に大勢の方に見てもらう機会となる。全員分掲示するので，計画的に早めの準備をしておく。

　紹介する本は，下級生が読んでみたいと思ったときに借りることができるように，学校図書館にある本とする。

　在校生にとって，「卒業生の本の紹介」の掲示を見たり，実際に本を借りたりすることは，「自分たちも卒業の時は在校生に本を紹介したい」という意欲付けになる。

> 　　　　さんへ
> 嵐の中の動物園を読んでそれぞれの登場人物の設定がおもしろいと思いました。いろいろな謎を解き明かすのに、それぞれの特技を生かせていていいと思いました。
> 私は、登場人物の中では、河嶋健志朗のマイペースで何を考えているのか分からないけど、実はいろいろ考えている、不思議な所が好きです。最後の場面もとても印象に残っています。
> とてもおもしろかったです。
> 中学でどんな本に出会ったのか、また教えてください。

在校生から卒業生へあてた手紙

アイデア37 ペア読書

対象学年➡全学年　　活動場面➡児童会活動

時　　間➡特別活動

1　概要「ペアと本で仲よくなります」

　ペア学年での活動の中に読み聞かせを入れると，本をきっかけとしてペアの距離が近くなりやすい。高学年から低学年だけではなく，逆もやってみるとお互いにより楽しく交流できる。

2　内容と手順〈児童会活動の時間〉

学習指導要領　特別活動　〔児童会活動〕
（2）異年齢集団による交流
　児童会が計画や運営を行う集会等の活動において，学年や学級が異なる児童と共に楽しく触れ合い，交流を図ること。

【事前準備】高学年が低学年に読み聞かせをする本を選び（次頁のリスト参照），読む練習をしておく。児童会の異年齢集団（ペア）と活動場所を確認し，ありがとうカードを準備する。
①高学年が低学年に準備した本を読み聞かせする。
②聞き手の低学年は，聞いた後感想を伝える。
③ありがとうカードを書いて，読んでくれたお兄さん，お姉さんに渡す。

3 アイデアの応用

【逆のパターンでのペア読書】

　最初に高→低でやった後，逆パターンで行うと，低学年はとても張り切って読む練習に取り組む。また，高学年は，優しく聞いてあげることができる。

【学級でのペア読書】

　低→高で読み聞かせをする場合，事前に学級の隣同士で読み聞かせをし合うなど，練習をしておくとよい。

【1・2年生でのペア読書】

　1・2年生は，生活科の学習などで，一緒に活動することが多くある。学校探検の後などに行うと，2年生は，お兄さんお姉さんになった実感を得ることができる。

4 ここに気をつけて！

　絵本の形式になっていても内容が難しくて長編な作品もあるため，よく内容を確かめて選書する。絵本はひらがなで書かれている場合もある。短くても，初見では上手に読めないので，黙読ではなく必ず音読して練習してから読み聞かせを行うようにする。

ペア読書にふさわしい絵本リスト

	書名	作者	出版社	出版年
1	すてきな三にんぐみ	トミー・アンゲラー	偕成社	1989
2	うごいちゃだめ！	エリカ・シルヴァマン	アスラン書房	1996
3	へんしんトイレ	あきやまただし	金の星社	2005
4	ながいでしょりっぱでしょ	サトシン	ＰＨＰ研究所	2014
5	どうぶつしんちょうそくてい	聞かせ屋。けいたろう	アリス館	2014
6	しゃっくりがいこつ	マージェリー・カイラー	セーラー出版	2004
7	パンダ銭湯	tupera tupera	絵本館	2013

アイデア 38　聞きたい本を選ぶ

対象学年➡全学年　　活動場面➡児童会活動

時　　間➡特別活動

1　概要「誰が読んでくれるかはお楽しみ！」

　子供が聞きたい絵本を選び指定された教室へ行くと，担当の先生が本を読んでくれる。この活動は，担任以外の先生からの読み聞かせを聞ける機会となり，読書月間などでよく行われている。

2　内容と手順〈図書委員会の活動として〉

学習指導要領　特別活動　〔児童会活動〕

（1）児童会の組織づくりと児童会活動の計画や運営

　児童が主体的に組織をつくり，役割を分担し，計画を立て，学校生活の課題を見いだし解決するために話し合い，合意形成を図り実践すること。

【事前準備】教員が各自読みたい絵本を用意する。読み聞かせの会の子供への案内用紙を準備し，配布する。

①自分が選んだ絵本をどの教室で読んでもらえるかを確認し，その場所に移動する。

②教師の読み聞かせを聞く。

③感想を伝え合う。

好きな絵本を選んで読んでもらおう	
※だれが読んでくれるかは　お楽しみに !!	
日時	2月3日（火）
時間	1時10分～

	書名	読み聞かせの場所
1	あかくんとあおくん	1年A組
2	あみだだだ	2年A組
3	うそ	3年A組
4	エステバンとカブトムシ	4年A組
5	クレヨンからのおねがい	5年A組
6	こうさぎと4ほんのマフラー	6年A組
7	ジャーニー	7年A組
8	12にんのいちにち	8年A組
9	だいおういかのいかたろう	9年A組
10	だいすき、でも、ひみつ	9年B組
11	つられたらたべちゃうぞおばけ	小C組
12	どうぶつしんちょうそくてい	中C組
13	どんぐり	少人数教室（1）
14	ながいでしょりっぱでしょ	少人数教室（2）
15	ながぐつをかいに	黒潮ホール
16	夏のルール	読み聞かせルーム
17	はこぶ	5年A組　となり
18	はじめてはたまご	1年A組　となり
19	ひとりでおとまりしたよるに	地歴教室
20	ふしぎなともだち	防災学習教室
21	ほうれんそうはないています	読解力育成教室
22	みずうみに	2階　コモンスペース
23	ヤンバルクイナ	3階　コモンスペース
24	ヨハンナの電車のたび	4階　コモンスペース

全校の子供へ配布した絵本のタイトルと場所の一覧表▶

3 アイデアの応用

【学年内での教員の読み聞かせ】

　全校児童が移動する以外に，学年内（または，学年団）で担任がローテーションして読み聞かせをする方法もある。人が変わると，読む本の傾向が変わるため，広い分野の本に出合うよいきっかけとなる。

【図書委員会が雨の日に絵本を読む】

　雨の日の昼休みに，図書委員会が，絵本ルームや低学年の教室へ行って絵本を読む。また，通年の図書委員会の活動として，絵本を読む順番を決めておき，昼の放送で告知することもできる。

担任以外からの読み聞かせ

4 ここに気をつけて！

　この活動は，図書委員会が企画し，まず全校の先生方へ「絵本読み聞かせの依頼」をする。読む時間を5分から10分程度とし，期間を決めて選書してもらう。日時を決めて選書をすれば，同じ本が重なることもなく，教員同士が絵本の話をするきっかけになる。

　子供が読んでほしい本を事前に調整する

雨の日の昼休みに絵本を読む委員

図書館前での読み聞かせ本の展示

方法と，当日直接教室へ出向く方法がある。事前調整をしないと，人数の偏りが出る場合がでる。事前調整する場合は，集計に時間を要する。どういう方法を取るのかについて，委員会活動のときに話し合っておくとよい。

アイデア39 おいしい本を選ぶ

対象学年➡高学年　　活動場面➡児童会活動
時　　間➡特別活動

1　概要「本の中のこのメニュー食べたいな」

各学校で毎年行われる給食記念週間に，図書委員会が「食べ物の本」を集めて，紹介する活動である。食べ物と本をコラボすることで，本への興味を高めることができる。

2　内容と手順〈児童会活動の時間〉

学習指導要領　特別活動〔児童会活動〕
（1）児童会の組織づくりと児童会活動の計画や運営
　児童が主体的に組織をつくり，役割を分担し，計画を立て，学校生活の課題を見いだし解決するために話し合い，合意形成を図り実践すること。

【事前準備】絵本の棚にある食べ物の本を確認しておく（次頁リスト参照）。
①食べ物が書名に入っていたり，本の内容に食べ物が出てきたりする絵本を学校図書館から探す。
②集めた本から，興味のある本を数冊読む。
③（休み時間など）
　全校児童を対象に，学級ごとに読んで欲しい本にシールを貼り学級No.1の本を決める。
④学級でNo.1の本を読み聞かせする。

読みたい本を選ぶ子供

86

3　アイデアの応用

【食べ物が出てくる本を紹介する】

　読書月間企画として，印象に残る食べ物のシーンが出てくる本を，図書委員会が紹介する。

【給食メニューに関する本の掲示をする】

　給食メニューには，七夕，お月見，クリスマス，節分，ひな祭りなど行事に合わせたものがある。図書館で季節の掲示をするときに，給食メニューの紹介を一緒にしておく。

【食育の授業で本を読む】

　学級活動で食育の授業を行うときに，食育に関する本を紹介したり読み聞かせをしたりする。

4　ここに気をつけて！

　文科省は，昭和25年度から1月24日〜1月30日を全国学校給食週間と定めている。この週間には，どの学校でも様々な企画が実施される。主に給食委員会が企画を立てるが，図書委員会でも「給食の移り変わり」「郷土食の紹介」「栄養の話」などの関連本を紹介することができる。

食べ物が出てくる本のリスト

	書名	作者	出版社	出版年
1	パンケーキをたべるサイなんていない？	アンナ・ケンプ	BL出版	2011
2	からすのパンやさん	かこさとし	偕成社	1973
3	ハンバーグハンバーグ	武田美穂	ほるぷ出版	2009
4	おにぎりがしま	やぎたみこ	ブロンズ新社	2012
5	おだんごぱん	ロシア民話	福音館書店	1966
6	ぼくがラーメンたべてるとき	長谷川義史	教育画劇	2007
7	がまんのケーキ	かがくいひろし	教育画劇	2009

第1章　明日からできる！　読書活動のアイデア50　87

アイデア40 災害に備える

対象学年➡全学年　　活動場面➡避難訓練
時　　間➡特別活動

1　概要「いつ，どこで起きても大丈夫なように準備します」

　学校では，事件や事故，災害から身を守るために，計画的に訓練を行っている。災害は学校に居る時だけに起こるとは限らない。過去の災害から学ぶことも大切にしたい。

2　内容と手順〈地震避難の後で〉

学習指導要領　特別活動〔学校行事〕（3）健康安全・体育的行事
　心身の健全な発達や健康の保持増進，事件や事故，災害等から身を守る安全な行動や規律ある集団行動の体得，運動に親しむ態度の育成，責任感や連帯感の涵養，体力の向上などに資するようにすること。

【事前準備】危機管理に関する本や紙芝居を用意する。
①避難訓練を振り返る。
②学校以外の場所で地震にあった時には，どうすればよいか発表する。
　　・家の中　・登下校時　・バス（電車）に乗っているとき
③家庭での準備について話し合う。
④地震についての本や紙芝居の読み聞かせを聞き，感想を発表する。

危機管理の紙芝居のリスト

タイトル	場面	出版社
地震ってどうして起きるの？	8	埼玉福祉会
地震がきたらどうするの？	8	埼玉福祉会
マグニチュードってなあに？	8	埼玉福祉会

3 アイデアの応用

【防災の日コーナーでの本の紹介】
　図書館の本を紹介するコーナーで、9月1日に合わせて「防災」の本を紹介する。

【災害関係の新聞記事をスクラップする】
　新聞記事は災害の原因、影響をはじめ、身を守る方法など、多様な観点で書かれている。図書館資料として保存するときは、「地震から身を守る方法」というように観点を示した見出しをつけると探しやすい。

4 ここに気をつけて！

　身を守るための訓練としては、「危ない人が来た場合」「火事」「地震（津波）」がある。その中で、地震（津波）については、逃げた後の生活についてもイメージする必要がある。「東日本大震災」や「阪神淡路大震災」などの被災者の声を集めた関連の本が出版されている。

　防災の日に合わせて、新聞では関連記事が多く掲載される。危機管理意識を高めるためにも、高学年には、新聞記事を紹介したい。

危機管理の本のリスト

	書名	作者	出版社	出版年
1	72時間生きぬくための101の方法	夏緑	童心社	2012
2	地震の大研究	大木聖子	ＰＨＰ研究所	2009
3	巨大地震	京都大学防災研究所	ＰＨＰ研究所	2014
4	親子のための地震イツモノート	地震イツモプロジェクト	ポプラ社	2011
5	ドラえもんの地震はなぜ起こる　どう身を守る	国崎信江（監修）	小学館	2011
6	じしんのえほん	国崎信江	ポプラ社	2006
7	4コマですぐわかるみんなの防災ハンドブック	草野かおる	ディスカヴァー・トゥエンティワン	2011

アイデア41 紙芝居を聞く

対象学年➡低学年　活動場面➡国語
時　　間➡モジュール

1　概要「紙芝居劇場で楽しもう！」

　紙芝居は名作や昔話，創作の話，自然科学の話など，ジャンルも様々で，多くの子供たちが見ることを前提とした絵は，工夫を凝らした描き方がされている。

2　内容と手順〈モジュールの時間〉

学習指導要領　国語　1・2年　C　読むこと
（2）イ　読み聞かせを聞いたり物語などを読んだりして，内容や感想などを伝え合ったり，演じたりする活動。

【事前準備】紙芝居，あれば紙芝居舞台，拍子木を用意する。

①子供は机を下げて，床にまとまって座る。
②拍子木の合図や，教師の「紙芝居が始まるよ」という言葉を聞いて，始まるのを待つ。
③開かれる舞台を見ながら，どんなお話がはじまるのか，口上を聞く。
④紙芝居を聞く。参加型の紙芝居では，声を出したり，動作をしたりして参加する。
⑤舞台が閉じたら拍手をする。
⑥どこがおもしろかったか，感想を発表する。
⑦他にどんなお話の紙芝居があるか，紹介を聞く。

舞台を使って行う紙芝居

3 アイデアの応用

【あらすじの順に絵をならべる】

　紙芝居を聞いたあと，順不同に並べる。聞いたあらすじと紙芝居の絵を関係付けて，もとの順番に並び替える。時間の経過や場面の変化を意識しながらあらすじを振り返るときに，役立つ活動である。

【教科書と比べる】

　国語で学習した昔話や名作などが，紙芝居になるとどう描かれているのかという視点で比べてみる。場面の区切り方や絵の違いなど，紙芝居としての工夫があることに気付く。

【紙芝居をつくる】

　国語で学習した文学教材を，紙芝居に作り替える。グループで分担し，挿絵をもとに描いたり，挿絵にない場面を描いたりすることもできる。

4 ここに気をつけて！

　読み聞かせとは異なる紙芝居のよさを，味わうことができるようにする。紙芝居舞台を使い，拍子木で始まりを告げるなど，特別な空間を作る。絵に迫力があるので，間や台詞など工夫して読むようにする。また，読み手（演じ手）は舞台の後ろに隠れるのではなく，横に立って，子供たちと向かい合い，反応を見ながら話をすすめていく。

　はらはらどきどきしたり，おかしくて大笑いしたりする…周りを見ると自分だけでなく，みんなもそうなんだ，と一体感をもって聞けるのが，紙芝居の醍醐味である。また，そのような聞き手の一体感が読み手にも伝わり，読み手と聞き手の一体感も味わうことができる。入学前に紙芝居を体験している子供達だが，一体感をさらに心地よく感じ共有できるように，実態に合わせて話を選んだり反応を予想したりして，準備をする。

第1章　明日からできる！　読書活動のアイデア50

アイデア 42 お話動物園に行く

対象学年 ➡ 低学年　　活動場面 ➡ 国語
時　　間 ➡ モジュール

1　概要「たくさんの動物に会えるよ‼」

　絵本には，動物が主人公の本がたくさんある。自分では手に取らない絵本に出合い，読む本の幅を広げるために，教室をお話動物園に見立てた読書活動を設定した。

2　内容と手順〈モジュールの時間〉

学習指導要領　国語　1・2年　知識及び技能
（3）エ　読書に親しみ，いろいろな本があることを知ること。

【事前準備】動物の絵本を動物ごとに教室に並べる。読んだ本を記入するワークシートを子供の人数分用意する。

① 今日から，お話動物園がオープンしたことを聞く。
② お話動物園の本の中から1冊，読み聞かせを聞く。
③ お話動物園の期間や，ワークシートの書き方を聞く。
④ 自分の好きな絵本を読み，ワークシートに記入する。
⑤ 1枚目のワークシートが書き終わったら，一番お気に入りの本について，気に入った理由を書く。

お話動物園　動物ゲットカード

3 アイデアの応用

【お気に入りの本を紹介する】

　お話動物園の期間中に，気に入った本を紹介する時間を設ける。気に入った理由も一緒に発表する。友達の発表が本を選ぶきっかけとなる。

【他のテーマで本を集めて読む】

　お話動物園の他に「お話レストラン（食べ物の本）」「お話おばけやしき（妖怪やおばけの本）」「お話家族（おじいちゃん，おばあちゃん，父母，きょうだいの本）」などとテーマを決めて本を集める。

4 ここに気をつけて！

　この活動は，教室をお話動物園に見立てて準備をする。象のコーナーには象が主人公の本，くまのコーナーにはくまが主人公の本というように，教室のあちこちに動物のコーナーを作り，そこへ同じ動物の本を集めておく。子供は好きな動物コーナーに行き，そこから読みたい本を選んで読む。遠足で動物園に行く機会があれば，その後に企画するととても興味をもつ。また，近くの動物園のパンフレットを拡大コピーすると，雰囲気を高めるのに役立つ。

お話動物園本のリスト（一部）

	動物	書名	作者	出版社	出版年
1	からす	からすのパンやさん	かこさとし	偕成社	1973
2	ねこ	11ぴきのねこ	馬場のぼる	こぐま社	1967
3	ねこ	あしたうちにねこがくるの	石津ちひろ	講談社	2000
4	ねこ	ねこのシジミ	和田誠	ほるぷ出版	1996
5	ぶた	ぶたのたね	佐々木マキ	絵本館	1991
6	ぶた	ぶたぬきくんうみへいく	斉藤洋	佼成出版社	1999
7	ぶた	ぶた	ユリア・ヴォリ	文渓堂	2001
8	うさぎ	ピーターラビットのおはなし	ビアトリクス・ポター	福音館書店	1971

第1章　明日からできる！　読書活動のアイデア50　93

アイデア43 ダウトを見つける

対象学年➡低学年　　活動場面➡国語
時　　間➡モジュール

1　概要「わかりました‼ここが間違いです」

　読書に親しむためには，まず読書の楽しさや面白さを感じることが大切である。この活動は，まちがい探しをするというクイズに答えるもので，本への興味をもつ最初の一歩にもなる。

2　内容と手順〈モジュールの時間〉

学習指導要領　国語　1・2年　知識及び技能
(3)エ　読書に親しみ，いろいろな本があることを知ること。

【事前準備】「ダウトをみつける」ために読み聞かせする本を選ぶ。本時は『サラダでげんき』(角野栄子，福音館，2005)を使用。教師は，どの言葉をどういうダウトの言葉にするのかを決めておく。本に付箋をはさんでおくとよい。
①絵本の読み聞かせを聞く。
②もう一度同じ絵本の読み聞かせを聞き，最初と違っている言葉があれば「ダウト」と言って挙手をし，正しい言葉を発表する。
③自分の持っている絵本でダウトのクイズを作って二人組で行う。

ダウトの例
・「なぞなぞごっこ」→「おいかけっこ」
・「きゅうりは　とんとんとん」→「きゅうりは　どんどんどん」
・「サラダに　かつおぶしを　いれると」→「サラダに　ハムを　いれると」
・「ほっぺたが　たちまち　ももいろに」→「ほっぺたが　たちまち　ピンクに」
---

3 アイデアの応用

手軽にできるアニマシオンの手法を紹介する。(使った本『わすれられないおくりもの』(スーザン・バーレイ，1986，評論社)

【これ，だれのもの？「持ち物の絵を見て登場人物を当てるゲーム」】

持ち物から，人物の特徴を理解したり，持ち物に関するエピソードを思い出したりする。物語に出てきた登場人物の持ち物を絵カードに書いておく。教師は絵カードを子供に見せて，子供は誰の持ち物だったかを発表する。

【わたしは，だれでしょう「質問から登場人物を当てるゲーム」】

教師は，登場人物のイラスト(本のコピー)を裏返し，「わたしは誰でしょう」と聞く。チーム毎に3回だけ質問できる。チーム内で質問を相談しておく。「ハサミを使うのが上手ですか」「りょうりは上手ですか」など。教師は，「はい」「いいえ」だけで答える。

4 ここに気をつけて！

「ダウトを探せ」は，「アニマシオン」という読書指導法の一つである。

アニマシオンとは，「アニマ(anima)」(魂，心)に新鮮な息吹を送り込んで活性化することで，スペインのジャーナリストであるモンセラットが，子供に読書の楽しさを伝えるとともに読む力を引き出すために1970年代から開発したグループ参加型の読書指導メソッドである。指導者をアニマドーラ(男性)，アニマドール(女性)と言い，75種類にまとめられた個々の手法がある。作戦ごとに，何をするのか，そのことを通してどんなことができるのかが異なる。モジュールで取り入れる場合は，短い時間でできる作戦を取り入れるようにする。

アニマシオンについて詳しく知りたい場合は，以下の本が参考になる。

①マリア・モンセラット・サルト『読書へのアニマシオン』柏書房，2001

②岩辺泰吏・ほか編著『子どもの心に本をとどける30のアニマシオン』かもがわ出版，2016

アイデア44 読み聞かせの続きを聞く

対象学年➡低学年　　活動場面➡国語　　時　間➡モジュール

1　概要「連続小説，続きはまた明日」

絵本から，少し長い本に興味をもつようになったとき，教師が続き物の物語を毎日少しずつ読み聞かせをしていくと，続きを楽しみにするようになり，長い本を読むきっかけとなる。毎日継続するには，読む時間を決めておくことがコツである。

2　内容と手順〈モジュールの時間〉

学習指導要領　国語　1・2年　C　読むこと
(2)イ　読み聞かせを聞いたり物語などを読んだりして，内容や感想などを伝え合ったり，演じたりする活動。

【事前準備】教師が読み聞かせをする物語の本を用意する。
①教師が提示した本の表紙を見て，どんなお話か予想する。
　(前の日の続きの場合)
　どんな内容だったかを発表する。
②読み聞かせを聞く。
③感想を発表する。
④続きがどうなるか，予想する。

3 アイデアの応用

【科学の本を毎日少しずつ読む】

　読み聞かせは、物語だけではなく科学の本でもできる。国語の教材に合わせて選書しておくと、いろいろなジャンルの本に出合い、興味が広がる。

4 ここに気をつけて！

　この活動は、毎日の継続が大切である。学級の実態に応じて、いつ読むのかを決めておく。「この時間になると本を読んでくれる」という安心感は、学級を安定させる。また、毎日読み聞かせの時間を楽しみにするようになる。

　子供が、絵本の読み聞かせに慣れてから、続きの物語の読み聞かせを行う。

　読み聞かせのときに、「次はどうなると思う？」などの質問をせずに読む。今の子供には難しいと思われる言葉が出てきた場合は、簡単に説明を加えてもよい（「厠は、今のトイレです」など）。

　挿絵がある場合は、実物投影機などで大きく見せると、イメージの掴みにくい子供にとって理解の助けになる。

続きが楽しみな本のリスト（一部）

	書名	作者	出版社	出版年
1	エルマーのぼうけん（シリーズ全3巻）	ルース・スタイルス・ガネット	福音館書店	1963
2	のらねこソクラテス（シリーズ）	山口タオ	岩崎書店	1995
3	パンやのくまちゃん	森山京	あかね書房	1998
4	ネコのタクシー	南部和也	福音館書店	2001
5	王さまシリーズ　ぞうのたまごのたまごやき	寺村輝夫	理論社	1998
6	みしのたくかにと	松岡享子	こぐま社	1998
7	へんてこもりにいこうよ（シリーズ）	たかどのほうこ	偕成社	1995
8	ももいろのきりん	中川李枝子	福音館書店	1965
9	ぼくはめいたんてい　新装版（シリーズ）	マージョリー・ワインマン・シャーマット	大日本図書	2014

第1章　明日からできる！　読書活動のアイデア50

アイデア45 ニュースを紹介する

対象学年➡中学年　活動場面➡国語　時間➡モジュール

1　概要「ニュースで感じ方や考えたことを共有します」

　子供は，日々のニュースをTVやインターネットで見ている。ニュースの情報に出合うことは，社会や科学をはじめ，文化や芸術など多様な分野へ視野を広げることにつながる。情報を得る方法として新聞もあるが，文字が多く子供には馴染みが薄い。ニュースを読み，説明したり意見交換したりしながら互いの感じ方の違いに気付くきっかけとするために，新聞を読む活動を設定した。

2　内容と手順〈モジュールの時間〉

学習指導要領　国語　3・4年　C　読むこと
（1）カ　文章を読んで感じたことや考えたことを共有し，一人一人の感じ方などに違いがあることに気付くこと。

【事前準備】小学生新聞の中から，子供が興味をもつ記事を人数分印刷しておく。
①最近知って気になったニュースを発表する。
②配布された新聞記事を読む。
③自分が気になった部分に線を引き，必要があればメモをする。
④グループで感想を紹介し合う。

子供の興味関心に沿った
小学生新聞
（2018年3月19日毎日小学生
新聞・毎日新聞社提供）

3　アイデアの応用

【スピーチに取り入れる】

　新聞記事を使ったニュースの紹介は、学級の朝のスピーチなどにも取り入れることができる。友達のスピーチを聞いたり、自分の発表のときには何を取り上げようかなどと考えたりすることで、社会の出来事への興味の幅が広がる。

【親子でニュースを語り合う】

　学校でニュースを紹介していることを学級通信で家庭に伝えると、家族の間で「今日は何のニュースを紹介されたの？」「どう思う？」などと、会話が広がる。

学級通信

4　ここに気をつけて！

　中学年の子供の多くは、日常、新聞そのものを目にしていない。新聞をとっていない家庭も多く、どうやって新聞を手に取るのか、その姿を見たことがないという子供もいる。ましてや一般の新聞を学校で取り上げても、見出しの言葉からわからないだろう。新聞社は、小学生を対象にした小学生新聞を発刊している。用語や内容が子供用のため、興味をもって読むことができる。学校で新聞を読むと、「テレビで見たよ」とつぶやく子供も多い。子供は、意外とニュースに出合っている。新聞とＴＶのニュースと比較することは、それぞれのよさを知ることにもつながる。

ＴＶと新聞の違いを比べた図

アイデア46 ファンタジーを読む

対象学年➡中学年　活動場面➡国語
時　　間➡モジュール

1　概要「不思議な世界に入るきっかけをみつけよう」

物語には，現実の世界と想像の世界の二つの世界を行き来するきっかけや入り口がある。場面の移り変わりとつなげて，不思議な世界を具体的に想像するために，きっかけや入り口を見つける活動を設定した。

2　内容と手順〈モジュールの時間〉

学習指導要領　国語　3・4年　C　読むこと
（1）エ　登場人物の気持ちの変化や性格，情景について，場面の移り変わりと結び付けて具体的に想像すること。

【事前準備】異世界へ行ったり，不思議な体験をしたり，夢を見たりする物語を，10冊ほど用意する。それぞれのきっかけや入り口をキーワードにして，カードに書き，掲示できるようにしておく。
①教師が提示した本を見て，知っている本のあらすじを簡単に発表する。
②どれも「不思議な世界に行く」物語であることを確認する。
③きっかけや入り口の書かれたカードを見て，どの物語のものか考えたり，予想したりして，結びつける。
④答え合わせをする。

3 アイデアの応用

【行き先とつなげる】

入り口を通ったらどんな世界が広がっていたのか，どんな場所にいきついたのか，場所のカードも用意する。あらすじをつかみやすくなる。

【出口をさがす】

入り口と出口は，対になって表現されているものとそうでないものがある。現実の世界に戻る表現を手掛かりに，出口を探すと場面の移り変わりをつかみやすい。

【きっかけが同じ物語をみつける】

いろいろな作品を読み，風が起こるもの，知らない道を歩くもの，穴を通るものなど，ファンタジーに使われるきっかけや入り口にはパターンがあることを見つける。

4 ここに気をつけて！

ファンタジーを好んで読まない子供もいる。教科書の物語文をもとに，どんな入り口があるのかを探すと，入り口やきっかけの意味を理解しやすい。

ファンタジーを好む子とそうでない子がいることを想定し，読みやすいものや入り口を見つけやすいものから，伏線が長いものや登場人物が多いものなど，より複雑な本まで，幅広く用意しておく。

中学年向けファンタジー作品のリスト

書名	作者	不思議な世界へ入る きっかけ・入口	出版社	出版年
かくれ山の冒険	富安陽子	林	PHP 研究所	2000
ココロ屋	梨屋アリエ	廊下	文研出版	2011
かっぱのぬけがら	なかがわちひろ	水草・あぶく	理論社	2000
茂吉のねこ	松谷みよ子	風	ポプラ社	1973

アイデア47 物語の続きを読む

対象学年 ➡ 中学年　　活動場面 ➡ 国語
時　　間 ➡ モジュール

1　概要「読みたいのはどの本の続き？」

　一つの物語だけでなく続きが書かれた「シリーズ本」がある。「シリーズ本」には，主人公の新たな性格が見えたり，登場人物達がさらに魅力的に活躍したりするなど，物語の世界により入り込むという特徴がある。物語をより深く，楽しく味わうために，「シリーズ本」を読むという活動を設定した。

2　内容と手順〈モジュールの時間〉

学習指導要領　国語　3・4年　知識及び技能
（3）オ　幅広く読書に親しみ，読書が，必要な知識や情報を得ることに役立つことに気付くこと。

【事前準備】続きのある物語本をパターン別に3種類ほど用意する。それぞれの物語を説明する人物相関図や，挿絵などの掲示物を用意する。
①教師の話を聞き，図書館には物語

　が続いていく本があり，最初を1巻，続きを2巻，3巻と呼ぶことを知る。
②シリーズの続き方を聞き，巻を追うごとに「主人公が成長していく」「登場人物が次々に主人公になっていく」「話の舞台が変化していく」など，いろいろな続き方のパターンがあることを知る。
③つながりのある物語のシリーズ本を1巻から順に読む意味を考える。
④シリーズ本の紹介を聞き，読んでみたくなった本を選ぶ。

3 アイデアの応用

【少し読んで，読みたいシリーズを選ぶ】

　シリーズ本の1巻を10種類ほど用意し，本のはじめを5分だけ読んで，次の本に移っていく。書きはじめを読んで本の雰囲気をつかみ，読んでみたい本に出合えるようにする。

【シリーズの紹介カードを作る】

　シリーズ全巻を読んだ後，各巻の読みどころや主人公の成長ぶりを紹介し，カードなどに書いて伝える。これから読む友達に対して，カードが「ネタばらし」とならないよう気をつけたい。

＊なお，ファンタジーは，図書館の9類の棚にあることも合わせて確かめておくと，自分で本を探すことができるようになる。

4 ここに気をつけて！

　物語が続くシリーズ本を途中の巻から読もうとする子供がいないように，1巻から順番に読むことの意味についてきちんと理解できるようにする。

　シリーズ本を全巻読み通すことは，子供にとって達成感を伴い，喜びの体験となる。細かい字の厚い本のシリーズでなく，各巻が読みやすい長さのシリーズ本もできるだけ多く用意しておく。

おすすめのシリーズ本

書　名	作　者	出版社	出版年	巻数
ごきげんなすてご	いとうひろし	徳間書店	1995	3巻
にんきもののひけつ	森絵都	童心社	1998	4巻
どんぐり山のやまんばあさん	富安陽子	理論社	2002	6巻
黒ねこサンゴロウ　旅のはじまり	竹下文子	偕成社	1994	10巻

アイデア48 新聞を読む

対象学年➡高学年　活動場面➡国語
時　　間➡モジュール

1　概要「記事をどう考えるか意識しながら読みます」

　新聞にはニュースだけではなく，論説や解説などの文章も掲載されている。新聞の記事内容を理解するだけではなく，記事と自分の知識や体験と関連づけたり，複数の記事を比べて読んだりしていくために，実際に新聞を手に取り，読み，情報ファイルにする活動を設定した。

2　内容と手順〈モジュールの時間〉

学習指導要領　国語　5・6年　C　読むこと
（2）ウ　学校図書館などを利用し，複数の本や新聞などを活用して，調べたり考えたりしたことを報告する活動。

【事前準備】新聞1人1日分，記事を貼るA4用紙を用意する。
①新聞の目次を読む。
②自分の興味ある記事を見つけて，記事を読む。
③興味のある記事を切り取り，A4の紙に貼る。
　用紙の一番上に，「平和」「オリンピック」「災害」など，何の記事かがわかるように見出しをつけておくと，後から取り出しやすくなる。
④時間があれば，記事に対する自分の考えを書き，グループで交流する。

興味ある記事を切り抜いて
作ったファイル資料
　（平成30年4月1日
　　静岡新聞掲載）

3 アイデアの応用

【テーマを決めて新聞記事を集める】

新聞記事を読む習慣がつくと、毎日読んで気になる記事をスクラップしておくことができる。スクラップを続けると、社会事象の興味の幅が広がる。自分の興味のあるテーマをいくつか決め、記事を集めても楽しい。学級新聞として紹介すると、共有できる。

4 ここに気をつけて！

新聞の段組は初めて読む子供には難しく感じるものである。そのため、最初に1ページの新聞を記事毎にマジックで囲むと、段組の理解に役立つ。

新聞をとっていない家庭も多いことから、使用する新聞については、子供が持参することと学校で用意することの両方を視野に入れて用意する。

新聞記事の中には、授業に使いたい資料も多くある。それらの情報を一括して学校図書館に「情報ファイル」として作成し、誰でも使えるようにしておくと、新聞記事が子供の身近な資料になる。

参考　藤田利江『授業にいかす情報ファイル』全国学校図書館協議会，2011

新聞記事で作ったファイル資料
（平成30年4月2日　静岡新聞掲載・共同通信配信）

アイデア **49** 古典を読む

対象学年➡高学年　　活動場面➡国語
時　　間➡モジュール

1　概要「祖先も読んだ物語にタイムトラベル！」

　古い時代に作られ，受け継がれてきた古典は，子供の身の回りにも息づいている。古典の世界に気付き，気軽に入り込めるように，昔話を読む活動を設定した。

2　内容と手順〈モジュールの時間〉

学習指導要領　国語　5・6年　知識及び技能
（3）イ　古典について解説した文章を読んだり作品の内容の大体を知ったりすることを通して，昔の人のものの見方や感じ方を知ること。

【事前準備】『かぐやひめ』『わらしべ長者』『一寸ぼうし』『うらしまたろう』の昔話絵本を用意する。それぞれの昔話のもととなった古典から内容がわかる数行を掲示用に書いておく。
①絵本の表紙と題を見て，何の昔話か確認する。
②黒板に貼られた古文の一部が，どの昔話のもとになっているかを話し合い，答え合わせをする。
③今昔物語などの古典をもとに話を書いたという芥川龍之介のエピソードなどを聞く。

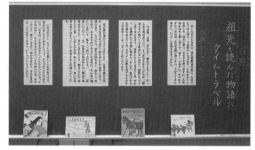

3 アイデアの応用

【絵巻物の絵を見る】

竹取物語や浦島太郎など,古典資料集にある絵巻物を見ると,昔の人々も絵を見ながら物語を楽しんだことがわかる。

【古文を現代語訳して見せ合う】

ワークシートに書かれた昔話の古文を,現代語に訳す。できたものを友達と見せ合う。わかりやすい訳し方の言葉やフレーズに目が向くようになる。

今の言葉に書きかえた竹取物語の一文

【現代の昔話との違いを見つける】

『竹取物語』と『かぐやひめ』などのように,古典と,自分達が知っている昔話との違いを見つける。話の展開や結末,登場人物の違いなどに目を向けると,古典や昔話が長い間,伝わっていく過程で,少しずつ変化していることが見えてくる。また,『三枚のおふだ』のように,一つの昔話でも,展開や結末,登場人物などが異なるものもある。

4 ここに気をつけて！

親しんできた昔話とつなげて古典を見せる工夫をすると,古典は難しいものではなく,古典はおもしろいというイメージをもちやすい。

昔話の他にも子供が授業で出合う「日本の神話」や「百人一首」などと古典とのつながりを意識するには,古事記や日本書紀などの図書館資料が役立つ。

アイデア50 朝読書で読む

対象学年➡全学年　活動場面➡国語
時　　間➡モジュール

1　概要「全校で一斉に取り組むと読書習慣がつきます」

　読書する時間を学校の中で継続して取ることで，読書習慣が身につき，読書に親しむことができる。読書を日常生活に組み込むために，毎日でなくとも，読む時期や曜日を決めて取り組む場合もある。

2　内容と手順〈モジュールの時間〉

学習指導要領　国語　知識及び技能
（3）エ　読書に親しみ，いろいろな本があることを知ること。
　　　　（1・2年）
（3）オ　幅広く読書に親しみ，読書が，必要な知識や情報を得ることに役立つことに気付くこと。（3・4年）
（3）オ　日常的に読書に親しみ，読書が，自分の考えを広げることに役立つことに気付くこと。（5・6年）

【事前準備】朝読書で読む本。あれば，読書記録用のカードを準備する。

①朝読書の時間前に着席し，読書カードと本を準備する。
②読書をする。
③読んだ本，ページなどを，読書カードに書く。

3　アイデアの応用

【読み聞かせも耳からの読書】

　低学年の子供の多くは，文字を聞いて理解する能力が非常に高い。そのため，自分ではまだ読めない本でも，聞けば理解できたり楽しめたりする本がたくさんある。自分で読むことを勧める前に，まずは読み聞かせをすることが，読書への興味を促すことにつながる。

【朝読書を図書館で行う】

　朝読書を教室ではなく，図書館で行うことで，普段図書館に足を運ばない子供が本にふれることができる。月や曜日ごとに担当学級を決めておくと，スムーズに実施できる。

読書記録用カード

【本バッグを作る】

　絵本には版が大きいものがあったり，複数冊借りたりするとランドセルや教室の机に入らない場合があったりと，低学年ほど本の扱いに困る場合がある。本を入れる専用のバッグがあると，持ち運びや保管に便利である。

4　ここに気をつけて！

　朝のモジュールの時間は，学校によって「英語」「漢字」「計算」「集会」など，使い方が様々である。その中で「読書」の時間を入れるには，何のために行うのかについての共通理解が必要になる。学校の実態に応じて朝読書の目的や実施方法，実施回数などを，図書館担当者が年度当初に提案したい。

　朝読書の時間に，読み聞かせボランティアの方が入る場合がある。その場合，図書館担当は，年度当初にボランティアの方に朝読書のねらいを伝え，年間の回数や読む本について打ち合わせをしておく。また，学校で，「ボランティア規約」が作成してあれば，その旨を伝える。

第 2 章

もっと知りたいときに役立つ基本的な知識

1 学校教育現場における読書

1 なぜ学校には図書館があるのか

　図書館というと，大学にある「大学図書館」，県や市にある「公共図書館」，学校にある「学校図書館」などが思い浮かぶ。学校図書館はどの学校にもあり，図書館や図書室と呼ばれている。では，なぜ，何のために学校には図書館があるのだろうか。通常，教員は，学校にある図書館を使ってはいるものの，その説明は受けていない場合が多い。

　テレビニュースの一コマに，このようなアナウンスが流れた。

　「本日，浜辺にクジラが打ち上げられました。博物館に聞いたところ，名前は，○○クジラとわかりました。この時期にこの浜辺に○○クジラが打ち上げられるのは，珍しいとのことです」

　博物館とは，どういうところだろうか。文部科学省（2011）の説明によると，「博物館は，資料収集・保存，調査研究，展示，教育普及といった活動を一体的に行う施設であり，実物資料を通じて人々の学習活動を支援する施設としても，重要な役割を果たしています。また，博物館は，歴史や科学博物館をはじめ，美術館，動物園，水族園などを含む多種多様な施設であり，〔後略〕」（下線筆者）

とある。だから，打ち上げられたクジラの名前がわからないときには博物館に聞けばわかるのかと納得する。では，博物館と図書館は，何が違うのだろうか。

　図書館法によると，図書館（文部科学省，1999）は，

　「図書，記録その他必要な資料を収集し，整理し，保存して，一般公衆の利用に供し，その教養，調査研究，レクレーション等に資することを目的と

する施設」（下線筆者）

とある。博物館と図書館を比較すると，確かに資料収集，整理，保存という用語は共通しているものの，博物館は実物資料，図書館は図書・記録その他必要な資料というように，資料収集，整理，保存する対象が異なっている。博物館の対象である実物資料をさらに細かくすると，歴史ならば歴史博物館，自然史ならば自然史博物館と呼ばれている。筆者が住んでいる市には登呂遺跡があり，登呂遺跡の出土品は静岡市立登呂博物館に所蔵されている。対象が美術ならば美術館，工芸品ならば工芸館というような名称になる。いずれも，対象としているのは，実物資料である。

　このように見ていくと，人類は，有史以来の貴重な資料を，収集，整理，保存してきたことがわかる。それは，何のためかというと，平たくいえば，今を含め，後世に役立てるためである。役立てるためには，何を所蔵するのかを判断し，分類しておく必要がある。そのために，博物館には学芸員，図書館には司書というように，対象ごとに収集，整理，保存するための専門的な知識をもった人がいる。彼らの専門的な知識がなければ，必要なときに欲しい資料を取り出すことができない。さて，話を元に戻そう。そもそも学校図書館とは何か。学校図書館については，学校図書館法（文部省，1953・文部科学省，2014）という法律がある。

（定義）

第二条　この法律において「学校図書館」とは，小学校（義務教育学校の前期課程及び特別支援学校の小学部を含む。），中学校（義務教育学校の後期課程，中等教育学校の前期課程及び特別支援学校の中学部を含む。）及び高等学校（中等教育学校の後期課程及び特別支援学校の高等部を含む。）（以下「学校」という。）において，図書，視覚聴覚教育の資料その他学校教育に必要な資料（以下「図書館資料」という。）を収集し，整理し，及び保存し，これを児童又は生徒及び教員の利用に供することによって，学校の教育課程の展開に寄与するとともに，児童又は生徒の健全な教養を育成することを目

的として設けられる学校の設備をいう。

（設置義務）

第三条　学校には，学校図書館を設けなければならない。

（司書教諭）

第五条　学校には，学校図書館の専門的職務を掌らせるため，司書教諭を置かなければならない。

（学校司書）

第六条　学校には，前条第一項の司書教諭のほか，学校図書館の運営の改善及び向上を図り，児童又は生徒及び教員による学校図書館の利用の一層の促進に資するため，専ら学校図書館の職務に従事する職員（次項において「学校司書」という。）を置くよう努めなければならない。（下線筆者）

　第二条には，博物館や図書館と同じように，収集し，整理し，及び保存し，という言葉が出てくる。しかし，その対象や目的は異なる。対象は，図書館資料であり，図書館資料とは図書，視覚聴覚教育の資料その他学校教育に必要な資料と明記されている。収集し，整理し，及び保存する目的は，その学校の教育課程の展開に寄与し，その学校に在学している児童生徒の健全な教養を育成すると示されている。さらに，第三条には，「学校には，学校図書館を設けなければならない」と，設置義務が書かれている。

　なぜ，何のために学校図書館があるのか。法律では，学校図書館の設置が義務付けられているからであり，その目的は，教育課程の展開に寄与し，児童生徒の健全な教養を育成するためである。ただし，法律には，どうすればこのような学校図書館が構築できるのかなどの方策や，何をもって健全な教養というのかなどの解釈は，記されていない。

　では，博物館での学芸員や図書館の司書に当たる人，つまり，どのような図書館資料を所蔵するのかを判断し，それらを必要に応じて取り出せるように分類する役割をもつのは，学校図書館では誰なのか。学校図書館法では，司書教諭（第五条）と学校司書（第六条）がその役割を担うと記されている。

114

学校図書館では，司書教諭と学校司書は，その学校の教育課程，さらには教育目標や目指す子供の姿を視野に入れた上で，図書館資料を選び，必要なときに取り出せるように分類し，その学校の教員と子供が活用できるようにするために置かれている。利用者である教員や子供が，必要なときに必要な図書館資料を取り出すことができて，初めて図書館といえる。

さらに，教育課程とは，各教科等の目標やねらいを実現するために，教育の内容を学年に応じ，授業時数との関連において総合的に組織した学校の教育計画を指す。教育課程の展開に寄与することが一つめの目的であることから，学校図書館は全ての授業を視野に入れた設備である。そのため，教員である司書教諭（学校によっては図書館主任や図書館担当）は，授業と学校図書館活用を繋ぐために，他の校務分掌と同じように年間計画を立案し，職員会議や打ち合わせなどで提案する必要がある。

2　学校図書館を活用するとどのようなメリットがあるのか

次に，法律から視点を移し時間を追いながら，なぜ，何のために学校図書館があるのかを考え，学校図書館を活用するメリットを整理してみたい。

学校図書館法が制定されたのは，戦後間もない1953年（昭和28年）のことである。学校図書館が，現在のように各教科等の授業で活用されたり，司書教諭や学校司書が置かれたりするようになるには，制定から50年ほど経った21世紀になってからのことである。それは，工業社会から情報社会へと社会のしくみや価値観が変わっていった時期でもある。（久保田，2000）

半世紀の間，多くの学校において，学校図書館は本が置かれている部屋として学校に位置してきた。このような図書館に通うのは，どちらかといえば文学好きな少年少女がほとんどであり，授業で使われることはほとんどなかった。20世紀から21世紀に変わるこの時期に，教育現場では何が起きたのだろうか。

まず，教員が子供に教えるという教授中心から，子供が学ぶという学習者中心へと，教育観の転換があげられる。勉強というより学ぶという言葉が使

われたり，子供の主体性が重視されたりした。そのため，学習形態も教授に便利な一斉学習だけでなく，グループ学習やペア学習，個人学習などと多様になった。

　教授中心というと，先生が教室一杯の子供に教えている光景を思い浮かべるように，教科書の内容を教えるときに一斉学習は効率的な方法として定着していた。しかし，主体的に取り組む，活動を取り入れるなど，学習者中心の授業を進めようとしたときには，教科書を補う教材が必要になる。

　特に20世紀末にスタートした総合的な学習の時間には，そもそも，教科書がない。教科書を補う教材として，地域での体験活動や学校図書館の図書館資料に目が向けられるようになった（立田，2015）。図書館と言えば，国語，読書，物語や小説といったイメージをもつ人が多い中で，事典などの参考図書を始め，文学以外の本，新聞・雑誌，パンフレットなどの資料など，多岐に渡る図書館資料が置かれるようになった。また，各教科等の授業で活用できるように机や椅子なども整えられた。このような学校図書館法本来の目的に沿った学校図書館を構築するために，専門的な知識や技能をもった司書教諭や学校司書が配置された。そして，学校図書館は，読書センター，学習センター，情報センターの三つの機能をもった空間として整備されるようになり，今日に至る。

　次に，子供の学びを考えたとき，生涯学習，生きる力という言葉が示す通り，「学校の授業での学び」と「授業外での学び」の両方が大切であるという考え方が定着してきたことがあげられる（久保田・今野，2018）。子供の1日は，朝の家庭での時間，登校時間，始業前の時間，授業時間，休み時間，放課後の時間，下校時間，家庭での時間などに分けられる。このうち「学校の授業での学び」は，授業時間のみである。子供が学びたいと思ったとき，その時間は「授業外」にも存在する。例えば，学習塾，テレビ，インターネット上，雑誌や書籍，図書館，博物館など，数多くの場が思い浮かぶ。また，ボランティア活動，レクリエーション活動，野外活動など，活動を通しての学びを体験した人も多いだろう。社会に出てからは「授業外での学び」がほ

とんどを占めることは，誰もが疑う余地はない。しかし，学校に在学している年齢であっても，授業時間と休み時間があるように，「学校の授業での学び」と「授業外での学び」の両方が存在している。

　では，「学校の授業での学び」と「授業外での学び」はどう違うのだろうか。学校の授業には，目標やねらいがあり，時間割に沿って進められている。教材教具を準備するための予算も設けられている。つまり，学校の授業は，「教育課程」の編成のもとに計画的に行われているのである。「学校の授業での学び」に対する言葉として「授業外での学び」を捉えようとしたとき，「仕事，家庭生活，余暇に関連した日常の活動の結果としての学び」という考え方がある（OECD，2011）。例えば，仲間同士の家族で河原に出かけたとしよう。食事のお手伝いを通して火の扱い方を覚えたり，川遊びの楽しさと同時に危険性を感じたり，初めて出合う昆虫や植物に心が動いたりするという学びがあったとき，それらは，「授業外での学び」と言える。

　さて，学校図書館に話を戻したい。学校図書館は，「教育課程の展開に寄与すること」を目的の一つとしていることから，「授業での学び」の場である。しかし，休み時間や放課後など，授業時間以外の時間でも，子供は学校図書館を活用する。好きなシリーズや作者の物語や小説に没頭したい，宇宙に興味があるから最新の発見が書かれている雑誌を読みたい，先生や友達から勧められた本を読んでみたいなど，動機は様々であるが，そこには，個々に応じた学びがあり，その体験が生かされる可能性は限りない。つまり，学校図書館は学校において，「授業での学び」と「授業外での学び」の両方を提供できる場として位置しているのである。目的の二つめである「児童生徒の健全な教養の育成」は，両方の視点が必要であることは言うまでもない。双方の視野は，学校図書館を構築する司書教諭や学校司書が図書館資料の充実や図書館活用計画を立案するときだけでなく，教員が目の前の子供のためにどういう学校図書館であって欲しいのかをイメージし意見を述べたり，授業で活用したりするときにも軸となる。

　このように，20世紀から21世紀にかけての学校図書館活用を取り巻く学校

第2章　もっと知りたいときに役立つ　基本的な知識　117

現場の変化を整理しながら，学校図書館を活用するメリットを述べてきた。新学習指導要領では，学びを学校だけに限定せず，未知の世界へ向かっていく未来軸，生涯を見通したときの社会軸，自身の可能性や挑戦に目を向けた主体軸に立って捉えている（無藤，2017）。「授業での学び」と「授業外での学び」の両方を提供できる場として位置している学校図書館は，常にこの三つの軸を視野に入れて整備し，運営していく必要があると考える。

3　新学習指導要領では読書はどのように位置付けられているのか

　読書は，学校だけでなく広く社会でも使われている言葉である。読書（ドクショ）は訓読すると「書ヲ読ム」となり，「書」と「読む」という二つの単語に分かれる。読書に携わっている人は，多様であり，もちろん考え方も異なる。例えば，「書」という言葉から，どのような「書」をイメージするだろうか。小説，評論などのように内容を想起する人，単行本，文庫本，絵本というように形態を想起する人，また，電子書籍，ネット上の新聞という人もいるかもしれない。返ってくる答えは，答える人の置かれた場や経験によって異なる。

　本書では，「書」と「読む」を，学校，特に小学校に限定し，先生が各教科や特別活動，総合的な学習の時間において取り入れるアイデアを紹介することを目的としている。

　では，新学習指導要領（文部科学省，2017）において，読書はどのように位置付けられているのかを，総則と国語から見てみたい。総則は，

第1　小学校教育の基本と教育課程の役割
第2　教育課程の編成
第3　教育課程の実施と学習評価
第4　児童の発達の支援
第5　学校運営上の留意事項
第6　道徳教育に関する配慮事項　　　（下線筆者）

からなり，読書に関する文言は，「第3 教育課程の実施と学習評価」の「1 主体的・対話的で深い学びの実現に向けた授業改善」の項目の中に「読書活動」という言葉で出てくる。

　読書ではなく，読書指導でもなく，「読書活動」という用語が使われていることに注目したい。学校では，「活動」という用語をどういうときに使うのだろうか。例えば，特別活動，委員会活動，クラブ活動，グループ活動という用語が浮かんでくる。その一方で，指導はというと，生徒指導，登下校指導，給食指導となる。明らかに，活動と指導は区別して使われており，「活動」は子供の主体性が重視された用語であることが見えてくるだろう。よく使われるようになった「言語活動」という用語，「言語活動」というからには，そこに子供の主体性が重視されていることが含まれている。「読書活動」も，同様に考えることができる。総則の文言に戻ろう。

1　主体的・対話的で深い学びの実現に向けた授業改善
（2）第2の2の（1）に示す言語能力の育成を図るため，各学校において必要な言語環境を整えるとともに，国語科を要としつつ各教科等の特質に応じて，児童の言語活動を充実すること，あわせて，（7）に示すとおり<u>読書活動</u>を充実すること。
（7）学校図書館を計画的に利用しその機能の活用を図り，児童の主体的・対話的で深い学びの実現に向けた授業改善に生かすとともに，児童の自主的，自発的な学習活動や<u>読書活動</u>を充実すること。また，地域の図書館や博物館，美術館，劇場，音楽堂等の施設の活用を積極的に図り，資料を活用した情報の収集や鑑賞等の学習活動を充実すること。（下線筆者）

　注目したいのは，「読書活動」という用語が「1　主体的・対話的で深い学びの実現に向けた授業改善」の中に出てくることである。総則には，教育課程全般に関わることが記されている。読書活動は，国語の物語文と直結していると限定したり，趣味であり教育課程とは関係ないと思ったりするのは

第2章　もっと知りたいときに役立つ　基本的な知識 119

早急すぎる。新学習指導要領においては，学校図書館の活用を通して，主体的・対話的で深い学びの実現に向けた授業改善に生かしたり，自主的・自発的な学習活動や読書活動を充実したりすることが強調されているのである。

　では，国語では読書がどのように記されているのだろうか。国語は，

　　　第1　　目標
　　　第2　　各学年の目標及び内容
　　　第3　　指導計画の作成と内容の取扱い

でなり，小学校6年間を通した国語の「第1　目標」は以下の通りである。

第1　目標

　言葉による<u>見方・考え方を働かせ</u>，<u>言語活動を通して</u>，国語で正確に理解し適切に表現する<u>資質・能力を次のとおり育成する</u>ことを目指す。

（1）日常生活に必要な国語について，その特質を理解し適切に使うことができるようにする。

（2）日常生活における人との関わりの中で伝え合う力を高め，思考力や想像力を養う。

（3）言葉がもつよさを認識するとともに，言語感覚を養い，国語の大切さを自覚し，国語を尊重してその能力の向上を図る態度を養う。（下線筆者）

　下線部分は，各教科等共通しており，「<u>～見方・考え方を働かせ</u>，<u>～活動を通して</u>，<u>～資質・能力～</u>」という用語が使われている。

　「第2　各学年の目標及び内容」は，〔第1学年及び第2学年〕〔第3学年及び第4学年〕〔第5学年及び第6学年〕に，その中は，「1　目標」「2　内容」の二つに分かれている。内容は，〔知識及び技能〕〔思考力，判断力，表現力等〕に整理されており，〔思考力，判断力，表現力等〕は，A　話すこと・聞くこと　B　書くこと　C　読むことの三つに細分化されている。

第1　目標

（1）

（2）

（3）

第2　各学年の目標及び内容

〔第1学年及び第2学年〕

　1　目標

　　（1）

　　（2）

　　（3）・・・・・・・

　2　内容

〔知識及び技能〕

（1）言葉の特徴や使い方に関する次の事項を身に付けることができるように指導する。

（2）話や文章に含まれている情報の扱い方に関する次の事項を身に付けることができるように指導する。

（3）我が国の言語文化に関する次の事項を身に付けることができるように指導する。

〔思考力，判断力，表現力等〕

　　A　話すこと・聞くこと

　　B　書くこと

　　C　読むこと

〔第3学年及び第4学年〕

　　　略　構成は同上

〔第5学年及び第6学年〕

　　　略　構成は同上

第3　指導計画の作成と内容の取扱い

　　　　　　　＊下線筆者　下線部分に読書に関する記述あり

新学習指導要領　小学校国語編のアウトライン（筆者の抜き書きによる）

読書は，このうちのどこに位置しているのだろうか。まず，各学年の目標
の（3）に，次のような表記がある。

第2　各学年の目標及び内容
〔第1学年及び第2学年〕1　目標
　（3）言葉がもつよさを感じるとともに，楽しんで読書をし，国語を大切
にして，思いや考えを伝え合おうとする態度を養う。
〔第3学年及び第4学年〕1　目標
　（3）言葉がもつよさに気付くとともに，幅広く読書をし，国語を大切に
して，思いや考えを伝え合おうとする態度を養う。
〔第5学年及び第6学年〕1　目標
　（3）言葉がもつよさを認識するとともに，進んで読書をし，国語の大切
さを自覚して，思いや考えを伝え合おうとする態度を養う。（下線筆者）

　下線部分の変化から，系統が見て取れる。読書に限定すると，楽しんで→
幅広く→進んで，というように系統立てられている。読書は，読書をするこ
とはもちろん，発達段階に沿ってどのように読書をするのかが大切にされて
おり，さらには，国語を大切にしたり大切さを自覚したりすることや，思い
や考えを伝え合おうとする態度を養うことにも繋がることが示されている。
　留意したいのは，目標には，「読書活動」ではなく「読書」と書かれてい
ることである。読書活動は，あくまでも活動であって，目標ではない。この
点をさらに詳しく説明するために，「2　内容」のどこに読書が位置付けら
れているのかを見ていきたい。「2　内容」は，〔知識及び技能〕〔思考力，
判断力，表現力等〕に分けて整理され，〔知識及び技能〕はさらに，三つに
細分化されている。読書は，このうちの（3）に位置し，以下のことは，新
学習指導要領において，知識及び技能であると明記されているのである。

〔第1学年及び第2学年〕2　内容　（3）
エ　読書に親しみ，いろいろな本があることを知ること。
〔第3学年及び第4学年〕2　内容　（3）
オ　幅広く読書に親しみ，読書が，必要な知識や情報を得ることに役立つことに気付くこと。
〔第5学年及び第6学年〕2　内容　（3）
オ　日常的に読書に親しみ，読書が，自分の考えを広げることに役立つことに気付くこと。

　ここで確認したいことは，まず，読書に関する知識及び技能は，どのように読書に親しむのかと，何を知ったり気付いたりするのかを示していることである。
　特に，どのように読書に親しむのかについては，まずは親しむ，次に幅広く親しむ，そして，日常的に親しむということから，発達段階ごとに，読書をどう捉えたらいいのかが示されている。
　1年生で文字を学んだ子供が高学年で日常的に親しむためには，いくつかのステップが要る。低学年では，いろいろな本があることを知るというステップがある。知るだけでいいのかと簡単に思いがちだが，知るためには，いろいろな本への出合いが必要である。年齢が低ければ低いほど，好きな分野が限られており，昆虫が好きなら昆虫の本だけ，宇宙が好きなら宇宙の本だけ，物語が好きなら物語だけというように興味を引く本しか手に取らない傾向がある。
　このような子供が，中学年になって幅広く読書に親しむためには，低学年のときに，子供の身近な題材を描いた絵本だけでなく，科学絵本や昔話，季節感のある絵本など多様な分野の絵本を読み聞かせをしてもらったり，紙芝居を読んでもらったりするなど，自分で読むまでには至らなくとも，いろいろな本に出合う体験の積み重ねが大切になる。この体験があって初めて中学年になったときに，幅広く読書に親しむことを何度も積み重ね，読書をする

第2章　もっと知りたいときに役立つ　基本的な知識　123

と知識や情報を得ることに役立つことに気付くようになる。読書の全てが知識や情報を得ることに役立つ訳ではない。どういう読書が知識や情報を得ることに役立つのかに気付くには，そうした読書活動を教員が意図的に設定する必要がある。この体験があって，高学年になったとき，日常的に読書に親しみ，読書をすると自分の考えを広げることに役立つことに気付くようになる。この場合も，読書の全てが自分の考えを広げることに役立つ訳ではない。考えが広がったという読書活動を通した体験の積み重ねが鍵になる。

　このように，〔知識及び技能〕は，練習すればできる，単に教えれば身に付くというのではなく，もう一つの〔思考力・判断力・表現力等〕と深く関わりながら，常に再構成されながら培われていくのである。そのため，〔思考力・判断力・表現力等〕の「C　読むこと」の中には，読むためには何が必要なのかが発達段階に即して示されており，それらをどのような言語活動において指導していくのかがわかるように，言語活動例が示されている。

　本書の第1章は，国語の「C　読むこと」を具体化した授業アイデアや，各教科，特別活動，総合的な学習の時間での授業アイデアを，四つの授業場面（単元はじめ，単元終わり，特別活動，モジュールの時間）をもとに整理し，低中高学年順に配列した。各アイデアは，あくまでも読書活動の一つである。45分，子供が読書をしていればいい，本に向かっていればいいのではない。多様な読書活動により思考力・判断力・表現力等を育成し，その繰り返しにより発達段階に即した生きて働く知識及び技能を身に付けたいと考えている。

124

2 授業デザインと読書

1 国語の教科書では読書はどのように扱われているのか

　小学校の国語の教科書を開くと，紹介文とともに本の表紙が占めているページを目にする。教科書の終わりには，ブックリストのようにおすすめの本が集められているページがある。また，学校図書館を活用することを前提とした単元もある。教科書では，学校図書館の活用や読書活動が単元の中でどのように扱われているのだろうか。

　小学1年下「じどう車くらべ」（光村図書）を見てみよう。この教材文は，C　読むことの中の「ウ　文章の中の大事な言葉や文を書き抜くこと」（文部科学省，2008）を主たるねらいとし，教科書の単元のはじめには「読むくらべてよもう」と表記されている。

　教科書の単元の流れは，三つの主な活動で構成されている。

1）教材文から，バスと乗用車，トラック，クレーン車の挿絵を見ながら，「しごと」と「つくり」という言葉を使って比べ，書き抜く。
2）はしご車の挿絵を見ながら，「しごと」と「つくり」という言葉を使って文を書く。
3）自分が興味のある自動車を本で調べ，「しごと」と「つくり」という言葉を使って文を書く。

　文章の中の大事な言葉は，「しごと」と「つくり」である。そして，二つの言葉を使った文をつなげるときに，「そのために」という言葉を使う。小学1年生の子供にとって「しごと」と「つくり」という用語は，日常家庭生

第2章　もっと知りたいときに役立つ　基本的な知識　125

活の中で聞くことはほとんどなく，馴染みが薄い。1年生では，「しごと」と「つくり」という言葉を，まず教材文から，次に挿絵だけから，そして本の中からという三つの段階を経て，文脈の中で使う活動を積み重ねる。これらの活動を通して，「ウ　文章の中の大事な言葉や文を書き抜くこと」ができるようにするというのが，教科書の単元デザインである。1）と2）は教科書にあるが，3）は教科書から離れ，学校図書館の本を使う。このとき子供は，興味のある自動車の絵や写真，文章から，何が「しごと」で何が「つくり」なのかを理解しながら読むのである。

　教科書の教材文で終わることなく，どうして，さらに学校図書館の活用へと，読書活動を単元に組み込むのだろうか。「じどう車くらべ」は読むことの単元であるが，学習指導要領（文部科学省，2008）では「ウ　文章の中の大事な言葉や文を書き抜くこと」とある。書き抜くというと，書くことではないかと思うかもしれない。読んだことを本人以外は見ることができないため，書き抜くことで，どのように読んだのかを教員や友達，そして自分自身も知ることができる。書き抜くということは，読んだことを目に見えるようにするための行為と考えればどうだろう。

　さて，教科書では，「つくり」と「しごと」という言葉を意図的に用いて文章ができているが，本というのは，読み手に都合のいい書き方をしているとは限らない。「しごと」と「つくり」が文脈の中でどのように使われているのかの言い回しがイメージできていないと，1年生が本から抜き出すことは難しい。そのためにも，いつでも教材文に戻れるように掲示をしたり，興味のある自動車を自分で選んで読んだり，読む文章は変わっても書き抜くワークシートを全て共通にしたりするなどの工夫が学校現場では行われている。このような助けをもらいながら，子供が知識の本に出合うこと，この体験を繰り返すことが，中学年で「幅広く読書に親しみ，必要な知識や情報を得ることに役立つことに気付くこと」の素地となる。

　小学3年下「もうどう犬の訓練」（東京書籍）を見てみよう。この教材文は，C　読むことの中の「エ　目的や必要に応じて，文章の要点や細かい点

に注意しながら読み，文章などを引用したり要約したりすること」(2008)
を主たるねらいとし，教科書の単元のはじめには「読む　はたらく犬について調べよう」と表記されている。

　教科書の単元の流れは，三つの主な活動で構成されている。

１）教材文「もうどう犬の訓練」を読み，文章の内容をリーフレットにまとめる。
２）はたらく犬について詳しく知りたいと思ったことを話し合い，本などで調べる。
３）調べたことをまとめてリーフレットに仕上げ，みんなで話し合う。

　中学年では，引用と要約という読み方を学ぶ。初めて要約に出合う子供に，教科書は，教材文の「もうどう犬の訓練」を要約してリーフレットを作成し，次に詳しく知りたいはたらく犬についての本を読み，要約してリーフレットを作成するというように，要約することを２回繰り返している。要約することと，リーフレットを作成することは変えずに，読む文章だけ変わるという単元構成である。

　特に，２回目の教材文から離れ図書館の本へと移るときに，教科書の単元構成では，上記のように１）の教材文で要約を学んだ後，２）と３）の段階を丁寧に扱っている。教材文ではなく手に取った本を要約するときに，はたらく犬について興味をもち詳しく知りたいと思い，子供が自ら選んで本を手に取ることができるよう，本で調べる前に話し合うという活動を設けている。「好きな本を選んできなさい」「はたらく犬の本から選びなさい」という指示では，知りたい・読みたいという気持ちが湧き上がってこない子供もいるからである。

　なお，東京書籍では，３年生では教材文「もうどう犬の訓練」で要約，４年生では教材文「くらしの中の和と洋」で引用と要約を扱うというように系統立てられている。また，アウトプットも，３年生ではリーフレット，４年

第２章　もっと知りたいときに役立つ　基本的な知識　127

生ではブックというように発展する。3年生での学びが4年生に生かされるように教科書が系統立てて構成されていることが見て取れる。

小学4年下「世界一美しいぼくの村」（東京書籍）を見てみよう。この教材文は、C 読むことの中の「ウ 場面の移り変わりに注意しながら、登場人物の性格や気持ちの変化、情景などについて、叙述を基に想像して読むこと」「オ 文章を読んで考えたことを発表し合い、一人一人の感じ方について違いのあることに気づくこと」（2008）を主たるねらいとし、教科書の単元のはじめには「読書会を開こう」と表記されている。

教科書の単元の流れは、四つの主な活動で構成されている。

1）教材文「世界一美しいぼくの村」を読む。
2）巻末の教材文「世界一美しい村へ帰る」を読み、「世界一美しいぼくの村」と「世界一美しい村へ帰る」を合わせて読んだ感想を話し合う。
3）教材文の次に紹介されているつながりのある物語（白い帽子のシリーズ アキンボとアフリカゾウのシリーズなど）を読む。
4）読書会を開く。

中学年の物語文では、「ウ 場面の移り変わりに注意しながら、登場人物の性格や気持ちの変化、情景などについて、叙述を基に想像して読むこと」（2008）とある。叙述をもとに想像するときに、つながりのある物語（シリーズもの）を数冊読むことを通して、より登場人物の性格や気持ちの変化、情景などについて想像しやすくなる。

本単元は、そこで終わらず、「オ 文章を読んで考えたことを発表し合い、一人一人の感じ方について違いのあることに気付くこと」（2008）も、視野に入れている。「一人一人の感じ方に違いのあることに気付く」というと、一見簡単そうに感じ、できて当たり前と思うかもしれない。しかし、中学年にこの文言が明記されていることの意味を立ち止まって考えると、この年齢の子供が自分と友達とは、同じ文章を読んでも感じ方が違うと気付くことは、

大人が思うほど容易ではないはずだ。この単元では，3）で，興味のあるシリーズを読むことで終わらず，4）で，読書会を開いている。一人で読むだけでなく，読書会を開くことを通して，自分と友達の感じ方の違いに気付く場，それが読書会なのである。

　このように，三つの教科書の単元を紹介し，読書がどのように扱われているのかを見た。読書＝物語文ではないことや，単に好きな本を読んでいればいいというイメージは，払拭されただろう。特に，教科書の読むことの単元では，教材文に留まらず，学校図書館の図書館資料を活用したり，読書活動を取り入れたりすることへの広がりが見られる。そこには，教材文を通して，読み方を学び，その後，子供の興味を切り口にして，世の中にある多様な文章を読むことにつなげていこうという意図がある。しかし，世の中の文章はあまりにも多く，使われている言葉は子供用に特化している訳でもない。広い世界への入り口に当たり，子供の近いところにある学校図書館の活用が重視される理由はそこにある。だからこそ，学校図書館では，教員や子供が授業で使うことを想定し，小学生の語彙に対応した本，新聞なども，購入しているのである。

2　単元のどの場面でどういう目的で学校図書館を活用するのか

　各教科等での単元デザインにおいて，教科書から離れようとすると，ねらいや活動に沿った教材を探したり，教材を使うための準備をしたりするなど，手間暇がかかる。一日中子供に添い，ほとんどの教科を担当する小学校教員にとって，国語の教科書のように，ねらいや活動を含めた単元構成が示され，使用する本の例示があったとしたら，自分自身で準備をするだけでなく，校内の司書教諭や学校司書，学年の先生方の協力を得ることも可能になる。教材を探すとき，どの教科・単元において，どういう場面でどういう目的で使おうと思っているのかがはっきりしていないと，たとえ小学校の図書館とはいえ，何千冊の本の中から探し出すのは容易ではない。学校図書館の活用や読書活動を組み入れる必要性は理解できたとしても，なかなか踏み出せない

第2章　もっと知りたいときに役立つ　基本的な知識　129

理由の一つがここにある。

　単元をはじめ（単元の導入），中，終わり（発展・まとめなど）の三つの場面に分けたとき，小学校において頻度の高い図書館資料を活用する目的を，以下のように整理した。

　単元のはじめでは，

| 動機付け | 新たな単元に子供に意欲をもって取り組んで欲しいときに，単元での学習内容につながり，子供の興味の沿った図書館資料を使用する。読み聞かせをしたり，写真を見せたりすることが多い。 |

| 課題提示 | 学習課題を提示するときに，提示する資料として図書館資料を使用する。統計資料や地域資料がよく使われる。 |

| 見通し | リーフレットやレポートに書くなど，アウトプットをイメージするときに，先輩の作品が役に立つ。 |

　単元の中では，

| 補　助 | 子供が調べるときに，教科書や資料集以外に，補助教材として図書館資料を使用する。調べるときには，単元内容に関係する本が多く必要であることから，計画的な購入が必要である。 |

　単元の終わりでは，

| 発　展 | 学びを広げたり深めたりしたいときに，学校図書館資料を使用する。子供の実態に合わせた幅広い選書が，意欲をさらに高めることにつながる。 |

　漠然と学校図書館で資料を探すのではなく，「単元のはじめに動機付けのために図書館資料を探したい」というように，場面と目的がはっきりしているだけで，適切な資料を見つけやすくなる。さらに，絵本を選んだとしたら，

「読み聞かせがいいね。この絵本は大型絵本も出版されているよ。大きく見せたいから実物投影機を使うこともできる」というように、読書活動とも連動しやすくなる。

　また、この視点で前出の教科書単元を見ると、「じどう車くらべ」や「もうどう犬の訓練」「世界一美しいぼくの村」の教材文を、補助することを目的として、単元の中の場面において学校図書館を活用した構成であることがわかる。

　単元の終わりにおいて、発展を目的とした構成の例として、小学6年「海の命」（光村図書）を見てみよう。この教材文は、C　読むことの中の「エ　登場人物の相互関係や心情、場面についての描写をとらえ、優れた叙述について自分の考えをまとめること」（文部科学省、2008）を主たるねらいとし、教科書の単元のはじめには「登場人物の関係をとらえ、人物の生き方について話し合おう」と表記されている。

　教科書の単元の流れは、六つの場面を、登場人物の関わり合いに注意して読むことを主として構成されている。人生の岐路に立ったときの判断には、主人公のそれまでの成長過程において、人と人との関わりの中で学んだことが生きている。登場人物の関係を捉えることは、小学校5・6年生の子供にとっても社会性が発達する時期であり、人と人との関わりが自分の生き方に影響を与える年齢であることとつながる。

　読んだことをまとめて、話し合うことは、自分と友達との共通点や相違点を感じたり、広がったり深まったりする上でも大切な活動となる。単元の終わりでは、発展を目的として、人物の考え方や生き方と出合うことができる本が表紙とともに紹介されている。発展を目的とした単元の終わりでの読書活動に対し、どの程度の重きを置くのかは、担当している教員の考え方や子供の実態などにより差異がある。しかし、新学習指導要領（2017）の小学校国語5・6年の「2　内容」の中の〔知識及び技能〕において、

（3）オ　日常的に読書に親しみ、読書が、自分の考えを広げることに役

立つことに気付くこと。

　と書かれていること考えると，単元の終わりの発展を意識した取り組みは大切である。

　ただし，読書活動を推進したいときに，教員が心に留めておきたいことがある。読書は可能性を秘めており，読書が与えてくれることは計り知れない。その一方で，読書は万能ではないこと，さらには，悪影響を及ぼすことがあることも事実である。

　友達との遊びや家庭での暮らしを通した体験を軽んじ読書に没頭すると，読書から与えられることの比重が大きくなり，自分とのつながりの中で読書を捉えることができにくくなる。つまり，「読書が，自分の考えを広げることに役立つことに気付くこと」の「気付く」ではなく，鵜呑みにすることにもなりかねない。子供には，自身の体験と読書等による疑似体験との両方が必要である。子供の生活を垣間見ると，本で得た知識を実際に試して見たり，目の前の昆虫を本で調べたり，また，自分の人間関係と本の中での人間関係を重ねたり，登場人物を通して自分が体験できない生き方に感動したりしている。

　子供が，小学校の出口である高学年において，日常的に読書することを通して，自分の考えを広げることに役立つことに気付き，身についた読書という技能を，長い人生の中で使いこなせるようになってほしいと考える。

3 日常生活の中の読書

1 本を読む子にするにはどうしたらいいのか

　現実と空想の区別がつくようになったのは，何歳頃だろう。現実と空想が存在することを認識する年齢に達したならば，サンタクロースの存在を当たり前のように信じていたときに戻ることはできない。「大きくなったら，うさぎさんになりたい」という夢はいつしか消えていく。現実と空想が「ごちゃまぜ」の中にいるときは，そもそもその区別がついていない。現実と空想の世界を行ったり来たりしながら，はっきりと区別がつく年齢に達すると，それ以降は，意図しなければ空想の世界に行けなくなる。魔法や冒険のように，現実には起きないことが起きる空想の世界は，想像力をかき立て，気がつけば現実から遠のいている。読書は空想の世界へ連れて行ってくれる，一つの方法なのである。

　では，空想の世界を全ての人が楽しみたいと思うのだろうか。人には，好みがある。現実に起きていることに興味がある人，空想の世界を楽しむことが好きな人，また，両方とも好きな人，様々である。子供であっても，この意思表示はしっかりとする場合が多い。物語を読んでもらっているときにはぼんやり聞いている子が，昆虫の本の読み聞かせとなると瞬きせずに聞いていることもある。その一方で，昆虫の本の読み聞かせを聞いているよりも，想像できる物語の読み聞かせの方が大好きという子もいる。本がたくさんあっても，昆虫の本しか手に取らない子もいる。図書館へ行けば，物語の絵本の前に座り込む子もいる。子供の行動を観察していると，現実に起きていることに興味があるのか，空想の世界を楽しむことが好きなのか，また，両方とも好きなのかが見えてくる。多くの子供は，小学校入学前の生活体験を通

第2章　もっと知りたいときに役立つ　基本的な知識 | 133

し，興味の芽が顔を出している。小学校に入り文字を習い読み方を学ぶと，文や文章を読んだり，絵や写真と文をつなげたりすることができるようになる。絵本や本がたくさんあったとしたら，興味のある本の表紙に子供の手が伸びるのは当然のことだろう。

　では，保護者や教員が本を読む子になって欲しいと願う「本」とは，どういう「本」を指しているのだろうか。普段子供が手に取っていない本を含めた幅広い分野の本を指している場合と，興味のある分野の本をさらに読んで欲しい場合があると考えたとき，まず，大切なことは，現在，子供がどういう本に興味があるのかを，把握することである。

　小学校の国語では，子供の興味に偏りがあるのを前提として，現実に起きていることを書いた文章と，空想の世界のことを書いた文章の両方の読み方を学ぶ。現実に起きていることを書いた文章には，「つくり」「はたらき」「やくめ」「かたち」「成長」「特徴」など，辞書で調べてもわかりにくい抽象的な語彙が数多く出てくる。その一方で，空想の世界のことを書いた文章には，会話文，修飾語，情景描写，心理描写などの言い回しが散りばめられている。子供が現実に起きていることに興味があった場合，物語文で使われる言い回しに慣れていない可能性がある。その一方で，空想の世界を楽しむことが好きな場合，説明的な文章で使われる語彙に触れる機会が少ない。つまり，小学校段階において，すでに，親しんでいる語彙や言い回しに対する個人差がある。慣れていないということは，それぞれの文章で使われる言葉に馴染みがなく，読む前に耳にしていない場合が多い。

　そこで，普段子供が手に取っていない本を含めた幅広い分野の本を読んでほしい場合は，まず，言葉や文，文体にまずは触れること，そして慣れることが必要になる。そのために有効なのが読み聞かせである。読み聞かせは，年齢を問わない。読み聞かせ以外にも子供が言葉を耳にする機会は，家族間の会話，テレビ，観劇（お芝居），映画，さらには，学校の先生の授業など，意外と多い。特に，説明的な文章で使われる語彙を，子供はどこで耳にするかというと，多くは学校の先生の話す言葉であろう。家庭生活での日常会話

134

において，説明的な文章で用いる言葉遣いをすることはあまりない。説明的な文章で用いられる言葉は，読み書き言葉であって，会話で用いる言葉ではないからである。学校において，先生が意図をもって言葉を使い，文脈の中で子供が聞くことは，子供が説明的な文章を自分で読む前の段階において，重要な意味をもつ。

　また，興味のある分野の本をさらに読んで欲しい場合は，集中し，没頭して読む時間があることが大切である。そもそも興味のあることは，時間を忘れて取り組みたいはずである。集中する時間は発達段階や個人により異なるものの，興味のある分野の本をさらに読んで欲しいと願うならば，できる限り水を差すような言動は控えたいものである。集中し没頭し，興味のある分野の本を読み進めていくようになると，子供は必ずと言っていいほど「面白い本ない？」と尋ねる。このときの「面白い本」は一般的な「面白い本」や，先生が「面白い本」を聞いているのではなく，子供が，今読んでいる本の延長線上もしくは，近いところにあることを，大人が汲み取ってあげたい。そうすると，今読んでいる本をもとに，さらに興味が湧く２・３冊を紹介できるようになる。２・３冊というのは，子供に選択肢を与え，選ぶという主体的な行為を大切にしたいからである。

　このように，本を読む子と一概に言っても，本の幅は広く，子供によって何に興味をもっているのかも異なる。子供が何を楽しんで読んでいるのかをまずは大切にして，次の一歩を進めていきたい。

２　読書の場を学校から家庭へと広げるにはどうしたらいいのか

　学校では，朝読書の時間や調べる活動のときなど，手に取って本を読む機会がある。読書好きな子は，学校でも家庭でもよく本を読む。その一方で，家庭での読書の習慣がない子も多い。読書を一つの技能として身に付けたいと考えたとき，読書の場を学校から家庭へと広げていくという視点は，ぜひ大切にしたい。しかし，家庭での子供の生活は多様であり，全ての子供にすぐに効く方法を見つけるのは難しいものである。だからといって，そのまま

第２章　もっと知りたいときに役立つ　基本的な知識　135

にしておいたならば，家庭での読書習慣なしに，子供を中学校へ送ることになる。ここに危機感を感じる先生方のお役に立てるようなヒントを以下に紹介する。

1・2年生の読書習慣のつけ方

　まず，「楽しんで読書に親しむ」段階である小学1・2年生の子供にとって，学校図書館が身近だろうか。そして，そこに，子供が一直線に進む本の棚，座りたい場所があるだろうかという視点で学校図書館を再度見回してみたい。もし，そういう棚があればそこから本を借りて家に持って行きたいと思うのが子供心であろう。いや，今すぐにでもページを開きたいと思ったならば，借りるより先に読みたいという気持ちが動き，座りたい場所を見つけ没頭して読み始めるだろう。子供が，学校図書館を歩き回っていたとしたら，興味のある棚がない，読みたい本がないと推測することが妥当であろう。

　後者のような子供には，日常生活の全てから興味関心のありそうことを見つけては，本との出合いを作り，一緒に読んだり読んであげたりする時間を作るという気が遠くなるような「寄り添い方」が，子供の心を動かすために必要な場合がある。担任ではなく，他の立場で子供を見ている人の言葉がヒントになって，先生が子供の興味に気付くこともある。読書好きな子供は，興味関心のあることに既に出合い，こういう「寄り添い方」を入学前にしてもらっている場合が多い。読みたい本がない子供は，その体験が不足している。このような子供に対し，近くに呼んで読み聞かせをする先生，読み聞かせの後にそっとスキンシップをしている先生に出合うことがある。読書とは直接関わりがないように見えるが，子供にとって親以外の大人で最も長く生活を共にする先生とのコミュニケーションが，子供の心を動かす場合があることを心に留めておきたい。

3・4年生の読書習慣のつけ方

　次に，「幅広く読書に親しむ」段階である小学3・4年生の子供が，学校

だけでなく家でも読みたいと思うには，没頭して読んだ体験が鍵になることがある。このような体験をするときに，効果的なのが「シリーズもの」である。1冊で終わらない「シリーズもの」を活用し，読破した体験，没頭して読んだ体験を重ねることである。学校で，「シリーズ」の1冊目に出合い，2冊目，3冊目と読み進めると，続きを家庭でもという気持ちが湧いてくる。教室で流行すると，触発されて読んでみたいという子も多い。そうすると，教室で本のことが話題になる。先生も読んで話題に加わると，その輪はさらに広がる。

　「名探偵」シリーズ（作：杉山亮）のようにどの本からでも読むことができるものや，「あらしの夜に」シリーズ（作：木村裕一）のように順序よく読んでいくシリーズがある。また，子供が「シリーズもの」に出合うには，第1巻を先生が読み聞かせをしてその後のシリーズを紹介したり，「11ぴきのねこ」（作：馬場のぼる）など低学年のときに読んだ絵本を全巻通して再読したり，ロアルド・ダールのシリーズとして同じ作者の本（「ぼくのつくった魔法のくすり」「チョコレート工場の秘密」など）のコーナー展示が有効である。読み方も，一人で数冊の本を集中して読むだけでなく，一つのシリーズの本をグループのみんなで読んでいくのも楽しい。

5・6年生の読書習慣のつけ方

　そして，「日常的に読書に親しむ」段階である小学5・6年生の子供が学校だけでなく家でも読みたいと思うには，低学年・中学年の積み重ねが大前提であることは言うまでもない。幅広く読書に親しみ，読書が必要な知識や情報を得ることに役立つことに気付いている子供にならば，第1章で紹介した多様な読書活動を，単元のはじめや終わり，特別活動やモジュールの時間で取り入れることができるだろう。

　もし，目の前の5・6年生がその段階まで達していなかったとしたら，5・6年生であっても，前の学年に戻ってみることをおすすめしたい。寄り添ってもらえていなかったらそこから取り組み，本に没頭した体験がなかっ

たとしたらシリーズものを活用するのも有効である。5年生だから何をするというのではなく，今の子供の実態から何を積み重ねたらいいのかを判断したい。その場合，第1章の低学年や中学年の読書活動のアイデアが参考になるはずである。

　最後に，どの学年でも言えることは，先生が，目の前の子供が読んでいる本や，世の中で今起きていることに興味をもつことである。先生が興味をもつと，そこにつながる言葉を先生が教室で使うため，子供はその言葉を耳にするようになる。教室ではどういう言葉がどういう言い回しで飛び交うのかを，教員自身が意識するようになると，家庭では普段聞くことができない言葉や言い回しに子供が出合う確率が高くなる。
　日常耳から入っている言葉や言い回しが出てくる本を読むときは，抵抗が少ない。その反面，全く聞いたことがない言葉や言い回しの文が連なる文章を読むとなると，急激に抵抗が強くなる。特に5・6年になると，体験できることから体験できないことへと，学びが広がる。社会科では，県外，国外のことを学び始める。地域ならば見学に行けるが，県外・国外となると難しいだろう。
　6年生では歴史を学び始める。もちろん，過去へは行くことができない。そうしたときに，本を読むことから知識を得る必要がある。「6年生だから歴史に関する本や，歴史のことが書かれている教科書を読むことができて当然！」だろうか。読むというのは，主体的な行為である。聞いたことがあったり，単元のはじめで興味をもったりすることが，読むことのエネルギーとなり，知りたい，読んでみようという気持ちを生む。教室で飛び交う言葉の質と量，それが言語活動の充実に繋がることは言うまでもない。そして，身近な先生の姿，出合った本，好きなことに没頭した時間は，目の前の子供が学校を出て社会に出た後も，記憶のどこかにしっかりと残る。読者の皆さんが自身の子供時代を振り返ったときに，蘇ってくるように……。

参考文献

【第1章】

・足立幸子（2004）「リテラチャー・サークル – アメリカの公立学校のディスカッション・グループによる読書指導法」『山形大学教育実践研究』No.13 p.9-18
・マリア・モンセラット・サルト（2001）『読書へのアニマシオン』柏書房
・岩辺泰吏・ほか編著（2016）『子どもの心に本をとどける30のアニマシオン』かもがわ出版
・笹倉剛編著（2007）『学校DEブックトーク – いつでも，どこでも，だれでもできる』北大路書房
・塩谷京子（2016）『すぐ実践できる情報スキル50 – 学校図書館を活用して育む基礎力』ミネルヴァ書房
・塩谷京子（2017）『司書教諭の実務マニュアル　シオヤ先生の仕事術』明治図書
・谷口忠大監修 粕谷亮美文 しもつきみずほ絵（2014）『ビブリオバトルを楽しもう ゲームで広がる読書の輪』さ・え・ら書房
・ビブリオバトル普及委員会「知的書評合戦ビブリオバトル公式ウェブサイト」
http://www.bibliobattle.jp（2018.7.2参照）
・藤田利江（2011）『授業にいかす情報ファイル』全国学校図書館協議会
・文部科学省（2017）『小学校学習指導要領（平成29年告示）』
・文部科学省（2018）『小学校学習指導要領（平成29年告示）解説 国語編』

【第2章】

・久保田賢一（2000）『構成主義パラダイムと学習環境デザイン』関西大学出版部
・久保田賢一・今野貴之編著（2018）『主体的・対話的で深い学びの環境とICT』東信堂
・経済協力開発機構（OECD）編著（2011）『学習成果の認証と評価 働くための知識・スキル・能力の可視化』山形大学教育企画室監訳，松田岳士訳，明石書店
・立田慶裕（2015）『読書教育の方法 – 学校図書館の活用に向けて』学文社
・無藤隆解説 馬居政幸・角替弘規制作（2017）『無藤隆が徹底解説　学習指導要領改訂のキーワード』明治図書
・文部省（1953）「学校図書館法」
http://www.mext.go.jp/a_menu/sports/dokusyo/hourei/cont_001/011.htm（参照2018.7.2）
・文部科学省（1999）「図書館法」
http://www.mext.go.jp/a_menu/sports/dokusyo/hourei/cont_001/005.htm（参照2018.7.2）
・文部科学省（2008）『小学校学習指導要領（平成20年告示）』
・文部科学省（2011）「博物館の概要」
http://www.mext.go.jp/a_menu/01_l/08052911/1313125.htm（参照2018.7.2）
・文部科学省（2014）「学校図書館法の一部を改正する法律の公布について（通知）
http://www.mext.go.jp/a_menu/shotou/dokusho/link/1360206.htm（参照2018.7.2）
・文部科学省（2017）『小学校学習指導要領（平成29年告示）』
・文部科学省（2018）『小学校学習指導要領（平成29年告示）解説 国語編』

索引

朝読書　71, 108, 109, 135

アニマシオン　95

音読劇　45

イソップ童話　46, 47

引用　50, 51, 127

お話動物園　92, 93

回文　40, 41

科学の本　12, 13, 71, 97

学芸員　113, 114

学級文集　60

学校図書館　5, 14, 36, 37, 49, 64,
67, 68, 70, 71, 72, 74, 76, 81, 86,
104, 105, 112, 113, 114, 115,
116, 117, 119, 125, 126, 129,
130, 131, 136

学校図書館法　113, 114, 115, 116

学校の授業での学び　116, 117

紙芝居　10, 11, 44, 88, 90, 91,
123

慣用句　24, 25

教育課程　113, 114, 115, 117,
118, 119

故事成語　24, 25

古典　11, 106, 107

言葉遊び　40, 41

ことわざ　24, 25

索引　14, 15

詩　22, 23, 30, 32, 33, 41, 50, 52

司書, 司書教諭　4, 113, 114, 115,
116, 117, 129

しりとり　40, 41

シリーズ　16, 97, 102, 103, 117,
128, 129, 137

授業外での学び　116, 117

情報ファイル　104, 105

新聞, 新聞記事　4, 36, 37, 64, 68,
89, 98, 99, 104, 105, 116, 118,
129

神話　10, 18, 19, 26, 107

図鑑　4, 12, 13, 14, 15, 16, 17, 28,
35, 52, 59

卒業文集　61

題名　10, 12, 33, 38, 39

チャンプ本　74, 75

続きの物語　58, 97

展示コーナー　29

伝記　30, 31, 61, 68, 69

登場人物図鑑　52, 53, 59

読書会　31, 49, 54, 55, 62, 63,
128, 129

読書活動　4, 92, 119, 122, 124,
125, 126, 129, 131, 132, 137,

140

138

読書習慣　3, 108, 136

読書ノート　43, 49, 51, 53, 60, 72, 73, 76, 81

読書記録　53, 60, 72, 73, 80, 108

図書館資料　87, 107, 113, 114, 115, 116, 117, 129, 130

図書館法　112

日本十進分類法（NDC）　13

俳句　20, 21

博物館　112, 113, 114, 116, 119

早口言葉　40, 41

ビブリオバトル　74, 75

ファンタジー　3, 100, 101, 103

ブックトーク　62, 64, 65

ペア読書　39, 82, 83

平和　31, 34, 35, 104

ペープサート　45

ポップ　43, 50, 51, 80

本の帯　51

昔話　10, 11, 12, 18, 26, 27, 90, 91, 106, 107, 123

宮沢賢治　32, 33

要約　127

読み聞かせ　10, 11, 12, 13, 16, 17, 18, 19, 26, 39, 44, 46, 55, 57, 59, 70, 71, 78, 79, 82, 83, 84, 85, 86, 87, 88, 90, 91, 94, 96, 97, 109, 123, 130, 131, 133, 134, 136, 137

リテラチャーサークル　66, 67

索引　141

おわりに

　読書というあまりにも一般的な，そして誰もが経験のあることを，授業という枠組みの中に組み入れることを切り口にしてまとめたのが，本書です。

　読者が必要な情報を取り出しやすいように，「事典形式」というゴールは，編集者との企画打ち合わせ段階からはっきりしていたものの，日々のいくつもの営みを一定の形式に沿って整理し，分類し，順序よく並べるのは予想以上に手間暇を要しました。読書活動を授業に取り入れにくい原因の一つとして，観点に沿って整理し，授業という枠組みを視野に入れて分類し，発達段階ごとに順序立てられていないことがあげられるのではないかと，執筆を通して強く感じたのです。

　通常3人で執筆をする場合，執筆内容を分担することが多いのですが，本書の場合はこの整理・分類・順序立てをするための会議が何度も必要でした。この事典を使ってくださる読者のために，舞台裏を少しだけ紹介しておくことにします。もしかして，事典の見方に何らかの違いが出るかもしれないと，思うからです。

　一番初めに行ったことは，
◇文部科学省（2017）『小学校学習指導要領（平成29年告示）』
◇文部科学省（2018）『小学校学習指導要領（平成29年告示）解説 国語編』
から，読書活動に関する記述を抜き出し，学年，教科の観点で一覧表にしたことです。その中から，読書活動アイデアとして取り上げたいものを50前後選びました。

　次に，学習指導要領や解説から選んだものを「活動名」で表しました。これが目次にあるアイデアのタイトルです。このタイトルを先生が授業でそのまま使えるように，子供がタイトル見ただけで活動をイメージできるように

検討しました。

　アイデアのタイトルを見ながら，どういう授業場面でその読書活動が行われるのかを分類しました。その結果，単元はじめ，単元終わり，特別活動，モジュールの時間という4つの観点を見出しました。4観点の中を小学校低学年・中学年・高学年と順序立て，アイデアの数を調整し，50に絞りました。

　そして，一つ一つのアイデアを授業で取り入れるときに，知りたい項目を検討しました。見開き2ページは，①概要②関係する学習指導要領や解説，準備と手順③アイデアの応用④ここに気をつけて！の4項目を取り上げることとしました。③のアイデアの応用は，読書活動を取り入れてみたいと思っている若い先生から，読書活動をもっと充実させたいというキャリアのある先生まで，広い読者層をイメージしたときに生まれ，最後まで調整を要した項目です。このようにして，整理・分類・順序立てができたところで，静岡県沼津市立静浦小中一貫学校の司書教諭小谷田照代先生，学校司書山本泰子さんが，計画的に授業に取り掛かったのです。

　授業実践を行なった沼津市立静浦小中一貫学校は，新設の施設一体型小中一貫学校であり，図書館が校舎の中心に位置するように設計されています。また，昇降口の前に図書館があるため，学校に来ると最初に子供の目に入ってくるのが図書館の入り口であり，生活や授業と，学校図書館のつながりがとても自然な印象を受けます。

　表紙や本文中の写真は，沼津市立静浦小中一貫学校で提供していただきました。学校のご協力に，心より感謝申し上げます。また，明治図書出版編集者の茅野現さんには，企画段階から数々の提案をいただきました。本書に関わってくださった全ての方にお礼を申し上げ，読書活動を授業に取り入れてみたいと思っている多くの方々へ，本書をお渡しします。

著者代表　塩谷京子

おわりに｜143

【編著者紹介】

塩谷　京子（しおや　きょうこ）

静岡県静岡市に生まれる。放送大学客員准教授，関西大学大学院総合情報学研究科博士課程修了，博士（情報学）。
静岡市公立小学校教諭・司書教諭，関西大学初等部（中高等部兼務）専任教諭を経て現職。関西大学・昭和女子大学非常勤講師を併任。教育工学，学習環境デザインを専攻。
主な著書に，『司書教諭の実務マニュアル　シオヤ先生の仕事術』明治図書出版（2017），『すぐ実践できる情報スキル50―学校図書館を活用して育む基礎力』ミネルヴァ書房（2016）など。

【著者紹介】

小谷田照代（こやた　てるよ）

兵庫県豊岡市に生まれる。静岡県沼津市立静浦小中一貫学校教諭・司書教諭，都留文科大学卒業。兵庫県神戸市立小学校教諭を経て現職。平成8年司書教諭資格取得。

山本　泰子（やまもと　やすこ）

静岡県沼津市に生まれる。静岡県沼津市立静浦小中一貫学校学校司書，上越教育大学卒業。沼津市立中学校講師，沼津市立小学校教諭，沼津市立小中学校学校司書を経て現職。

小学校　明日からできる！　読書活動アイデア事典

2018年9月初版第1刷刊	Ⓒ編著者	塩　　谷　　京　　子
	著　者	小　谷　田　照　代
		山　　本　　泰　　子
	発行者	藤　　原　　光　　政
	発行所	明治図書出版株式会社

http://www.meijitosho.co.jp
（企画）茅野　現　（校正）宮森由紀子
〒114-0023　東京都北区滝野川7-46-1
振替00160-5-151318　電話03(5907)6701
ご注文窓口　電話03(5907)6668

＊検印省略　　　組版所　広　研　印　刷　株　式　会　社
本書の無断コピーは，著作権・出版権にふれます。ご注意ください。

Printed in Japan　　　ISBN978-4-18-126310-2
もれなくクーポンがもらえる！読者アンケートはこちらから
→